세상이 깜짝 놀란 세계 역사 진기록

세상이 깜짝 놀란 세계 역사 진기록

초판 1쇄 펴냄 2011년 3월 18일
초판 5쇄 펴냄 2014년 9월 1일

지은이 김무신
그린이 우지현
펴낸이 고영은 박미숙

편집이사 인영아 | 편집장 이준희
뜨인돌기획팀 박경수 강은하 김현정 김영은 홍신혜
뜨인돌어린이기획팀 이경화 여은영 | 디자인실 김세라 오경화
마케팅팀 이학수 오상욱 진영수 | 총무팀 김용만 임진희

펴낸곳 뜨인돌출판(주) | 출판등록 1994.10.11(제2011-000185호)
주소 121-896 서울시 마포구 성미산로 6길 45
홈페이지 www.ddstone.com | 블로그 blog.naver.com/ddstone1994
노빈손 www.nobinson.com | 페이스북 www.facebook.com/ddstone1994
대표전화 02-337-5252 | 팩스 02-337-5868

ⓒ 2011 김무신

ISBN 978-89-93963-34-2 73900
(CIP제어번호 : CIP2011000949)

세계 역사 진기록

세상이 깜짝 놀란

글 김무신 그림 우지현

뜨인돌어린이

세계 역사 속 진기록을 찾아서

역사란 무엇일까요?

이 질문에 대답하려면 먼저 시간에 대해 정확히 알아야 해요. 여기서 말하는 시간이란 과거, 현재, 미래를 뜻해요.

여러분이 방금 전에 '역사란 무엇일까요?'라는 첫 문장을 읽었던 그 순간은 '현재'였어요. 하지만 지금의 시점에서 보면 '과거'예요.

역사란 과거에 일어난 사실의 기록을 말해요. 그렇다면 역사는 모든 과거를 이야기하는 것일까요?

고대 그리스 사람들은 시간을 두 가지 의미로 사용했어요. 그것은 일반적인 시간과 결정적인 순간이었지요. 우리가 알고 있는 일반적인 시간은 1초, 1분, 1시간, 하루, 일 년 등 똑딱똑딱하고 시곗바늘처럼 흘러가는 시간이에요.

반면 그 일상적인 시간 안에는 결정적인 순간이나 사건이 있어요. 백 미터 달리기 선수가 결승선을 일등으로 통과하는 순간을 떠올려 보세요. 그 순간은 일반적

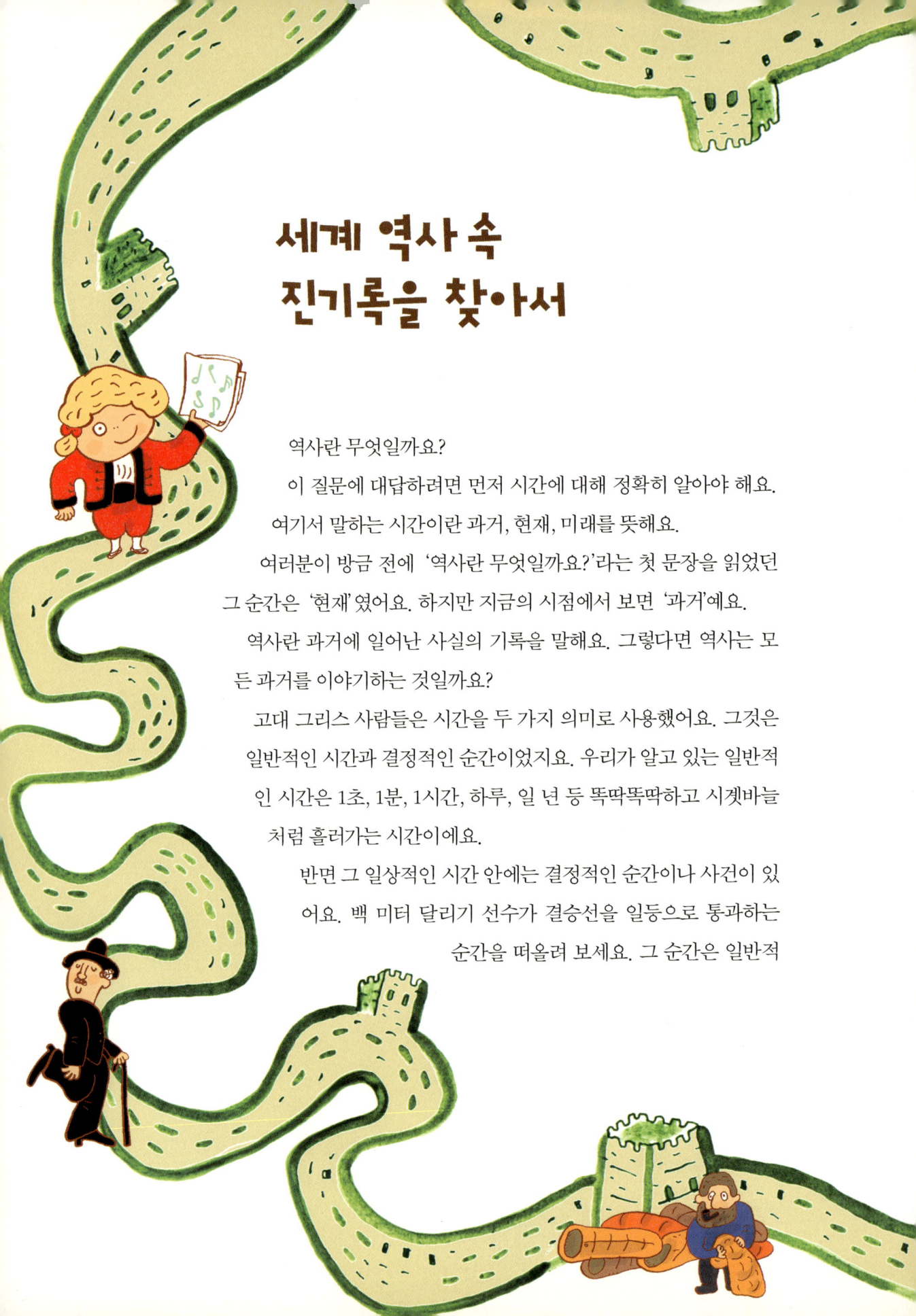

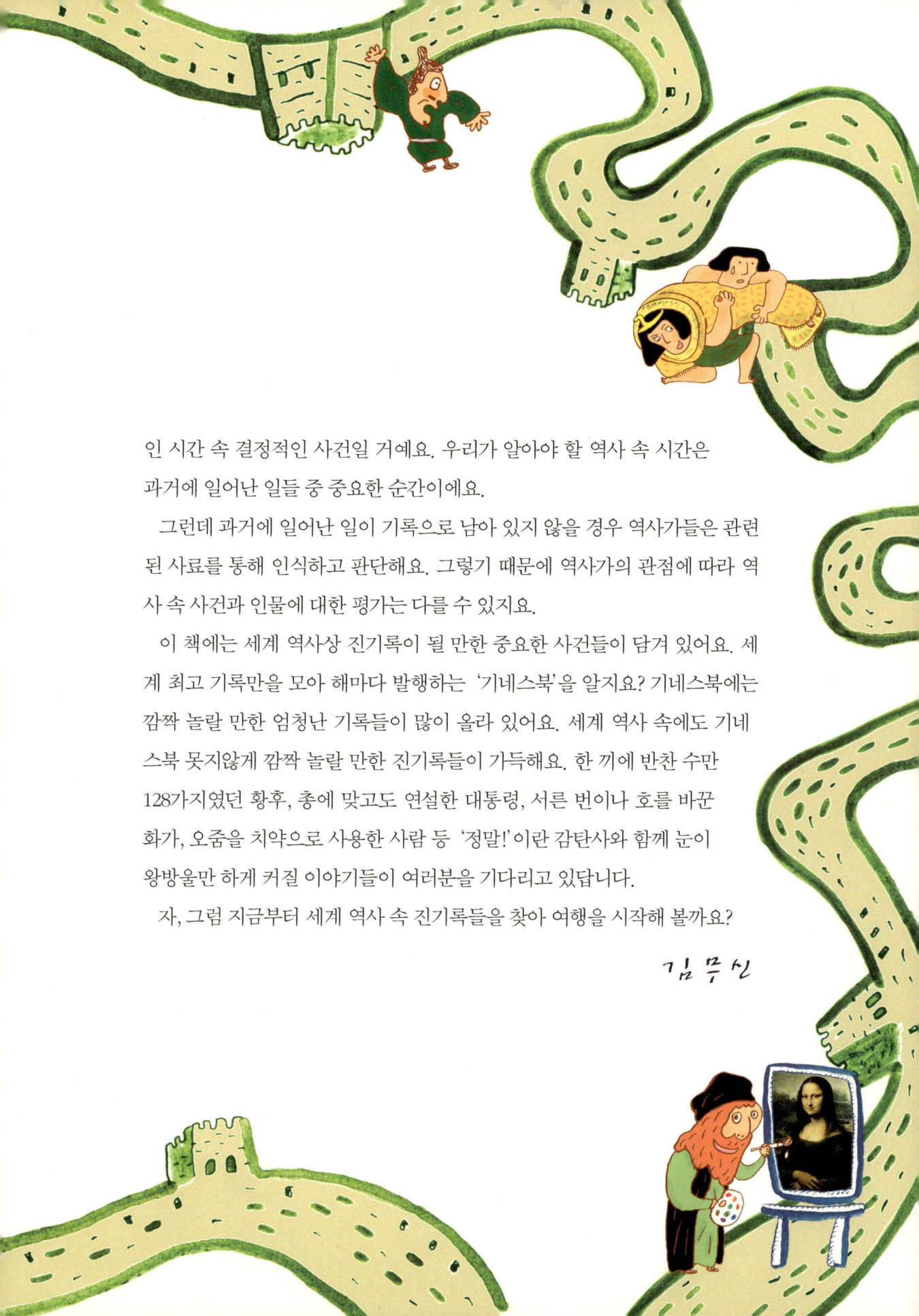

　인 시간 속 결정적인 사건일 거예요. 우리가 알아야 할 역사 속 시간은 과거에 일어난 일들 중 중요한 순간이에요.

　그런데 과거에 일어난 일이 기록으로 남아 있지 않을 경우 역사가들은 관련된 사료를 통해 인식하고 판단해요. 그렇기 때문에 역사가의 관점에 따라 역사 속 사건과 인물에 대한 평가는 다를 수 있지요.

　이 책에는 세계 역사상 진기록이 될 만한 중요한 사건들이 담겨 있어요. 세계 최고 기록만을 모아 해마다 발행하는 '기네스북'을 알지요? 기네스북에는 깜짝 놀랄 만한 엄청난 기록들이 많이 올라 있어요. 세계 역사 속에도 기네스북 못지않게 깜짝 놀랄 만한 진기록들이 가득해요. 한 끼에 반찬 수만 128가지였던 황후, 총에 맞고도 연설한 대통령, 서른 번이나 호를 바꾼 화가, 오줌을 치약으로 사용한 사람 등 '정말!'이란 감탄사와 함께 눈이 왕방울만 하게 커질 이야기들이 여러분을 기다리고 있답니다.

　자, 그럼 지금부터 세계 역사 속 진기록들을 찾아 여행을 시작해 볼까요?

김문식

차 례

과학자와 예술가들의 진기록

1. 최초로 사람의 뼈가 찍힌 사진 ………… 10
2. 만 오천 장의 메모를 남긴 만능 재주꾼 ………… 14
3. 망원경으로 하늘을 가까이 가져오다 ………… 18
4. 유럽을 놀라게 한 여섯 살 음악 신동 ………… 22
5. 번개를 길들인 채식주의 과학자 ………… 26
6. 93번 이사하고 호를 30번 바꾼 화가 ………… 30
7. 노벨상을 만든 다이너마이트 왕 ………… 34
8. 대사 없는 연기로 세계를 웃긴 사람 ………… 38

왕과 왕족들의 진기록

1. 한 끼에 반찬 수만 무려 128가지 ………… 44
2. 고기 때문에 죽을 뻔한 천황 ………… 48
3. 치명적인 매력의 이집트 여왕 ………… 52
4. 영원히 살고 싶었던 중국의 첫 황제 ………… 56
5. 나랏돈을 바닥낸 적자 왕비 ………… 60
6. 유럽을 벌벌 떨게 만든 거대한 제국 ………… 64
7. 예술을 사랑해 배우가 된 황제 ………… 68
8. 총 맞고도 연설한 대통령 ………… 72

탐험과 도전의 진기록

1. 1 대 100으로 싸운 전쟁의 달인들 ········· 78
2. 우주 미아가 될 뻔한 용사들 ········· 82
3. 동양을 넘나든 이탈리아 상인 ········· 86
4. 다른 나라도 내 나라처럼 지키다 ········· 90
5. 한 시대를 변화시킨 사나이 ········· 94
6. 천사의 메시지를 들은 소녀 ········· 98
7. 폭력보다 힘센 마음의 울림 ········· 102
8. 남극에서 634일을 버틴 기적의 탐험대 ········· 106

세계 문화유산 진기록

1. 세상에서 가장 오래된 그림 ········· 112
2. 숨겨진 왕을 찾아낸 20세기 최고의 발굴 ········· 116
3. 궁전보다 화려한 무덤 ········· 120
4. 어머니를 모델로 만든 미국 최고의 조각상 ········· 124
5. 9999개의 방이 있는 궁궐 ········· 128
6. 세계에서 제일 높은 철탑 ········· 132
7. 한 칸 한 칸 수백만 개의 돌로 쌓은 신비의 공간 ········· 136

각 나라의 풍속 진기록

1. 외과 의사였던 중세의 이발사 ········· 142
2. 손바닥만 한 발을 가진 여인들 ········· 146
3. 매를 많이 맞아야 좋은 신랑감 ········· 150
4. 벽난로와 창문에도 세금을 내시오 ········· 154
5. 중세 유럽의 치약은 오줌 ········· 158
6. 온몸으로 절하고 시체를 독수리 먹이로 ········· 162
7. 살고 싶은 자, 목욕 금지 ········· 166

1 최초로 사람의 뼈가 찍힌 사진

"저건 무슨 빛이지?"

독일의 물리학자 뢴트겐은 실험실에서 이상한 빛을 발견했어요. 분명 실험실 안의 모든 불을 껐는데 형광 스크린에서 희미한 빛이 나오는 거예요.

불빛을 받아야 빛이 나는 형광 스크린은 불을 끄면 빛나지 않아야 하는데, 아무리 봐도 이상한 일이었어요.

'이상하군. 모든 장치의 전원을 껐는데 어디서 빛이 나오는 거지? 아직 끄지 않은 장치가 있나?'

뢴트겐은 실험실 안을 구석구석 살펴보기 시작했어요.

'분명 빛이 나올 만한 곳이 전혀 없는데…….'

뢴트겐은 갑자기 등골이 오싹해졌어요.

'혹……시……, 유령……?'

겁먹은 뢴트겐은 뒷걸음질을 치다가 그만 탁자에 부딪치고 말았어요.

뢴트겐은 반사적으로 몸을 휙 돌려 탁자를 쳐다보았어요. 그런데 자세히 보니 탁자 위에 있는 크룩스관의 전원이 켜져 있었어요.

길쭉한 유리관같이 생긴 크룩스관은 전기가 흐르면 녹색 빛이 나오는 진공관이에요.

뢴트겐은 깊이 고민했어요.

'크룩스관은 두꺼운 검정색 종이로 둘러싸여 있어서 빛이 새어 나갈 수 없을 텐데……. 하지만 전원이 켜진 장치는 이 크룩스관뿐이니, 전원을 한번 꺼 볼까?'

뢴트겐이 전원을 끄자 탁자에서 조금 떨어진 형광 스크린의 빛이 사라졌어요. 다시 전원을 켜자 형광 스크린에 빛이 생겼어요. 뢴트겐이 형광 스크린을 크룩스관이 있는 탁자 쪽으로 가까이 가져가자 더욱 밝은 빛을 냈어요.

잠시 후, 뢴트겐의 눈빛이 예리하게 반짝였어요.

'어떻게 검은 종이로 막힌 크룩스관의 빛이 형광 스크린에 비치게 된 거지? 검은 종이를 뚫고 나오는 어떤 강력한 빛이 있을지도 몰라! 그렇다면 종이가 아닌 다른 물체도 뚫을 수 있을까?'

크룩스관에서 나오는 정체불명의 빛이 뢴트겐의 호기심을 자극했어요. 뢴트겐은 크룩스관과 형광 스크린 사이를 책으로 막아 보았어요.

그런데도 형광 스크린은 여전히 빛을 내고 있었어요. 마냥 신기한 표정의 뢴트겐은 연구실 구석에 있는 두꺼운 나무 판자를 가져다 막아 보았어요.

역시 크룩스관에서 새어 나오는 빛은 나무판자를 뚫고 나가 형광 스크린 위에서 빛났어요.

뢴트겐은 야릇한 긴장감을 느끼며 자신의 손을 조심스럽게 집어넣어 보았어요. 그러자 형광 스크린에 뢴트겐의 손뼈가 나타났어요. 뢴트겐은 입을 떡 벌린 채 멍한 표정으로 형광 스크린을 쳐다보았어요.

'이 광선은 지금까지 누구에게도 알려지지 않았던 새로운 거야!'

뢴트겐은 아무도 모르던 광선이라는 의미에서 X선이라고 이름을 붙였어요. 이 신기한 현상에 대해 계속 연구한 뢴트겐은 X선이 금속판을 통과하지 못한다는 새로운 사실도 알게 되었지요. 여기서 그는 기발한 아이디어를 생각해 냈어요.

사진에 관심이 많던 뢴트겐은 사진 건판을 가져왔어요. 사진 건판은 사진을 찍었을 때 빛의 양에 따라 상이 맺히는 곳이에요.

신이 난 뢴트겐은 아내를 실험실로 불러왔어요. 그러고는 크룩스관 앞에 놓인 사진 건판에 손을 넣도록 했어요. 잠시 후, 사진 건판을 현상하자 두 사람은 깜짝 놀랐어요.

"여보, 혹시 이게 제 손뼈인가요?"

아내는 믿을 수 없다는 표정으로 뢴트겐을 쳐다보았어요. 아내의 손뼈와 손에 끼고 있던 반지가 뚜렷하게 보였어요. 마치 뼈만 놓고 찍은 것처럼 말이지요. 역사상 최초로 사람의 뼈가 사진으로 찍힌 순간이었어요.

뢴트겐(1845~1923년) 뢴트겐은 X선을 발견하여 최초로 노벨물리학상을 수상한 독일의 실험 물리학자예요. 뢴트겐이 X선을 발견함으로써 물질을 이루는 원자와 원자핵의 정체를 밝힐 수 있게 됐지요. 특히 인체 내부 사진을 찍을 수 있게 되어 수많은 환자들의 병을 고치는 데 큰 도움을 주었어요. 뢴트겐은 자신이 받은 노벨상 상금 전액을 대학에 기증했을 뿐 아니라, 자신의 유산을 모두 기부한 훌륭한 과학자였답니다.

과학이 해야 할 일

뢴트겐의 일기

월 일 요일

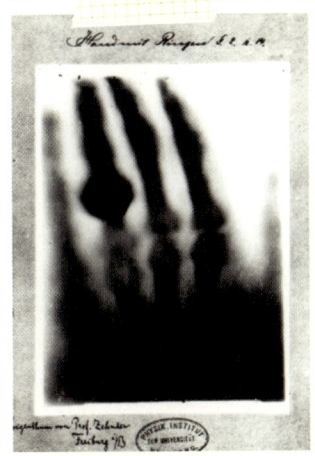

X선으로 촬영된 뢴트겐 아내의 손 사진

오늘 신문에서 X선을 이용해 환자를 치료했다는 기사를 보았다.

어쩌다 머리에 총알이 박힌 위급한 환자가 있었는데, X선 촬영으로 총알의 위치를 정확히 파악해 수술에 성공했다고 한다. 내가 발견한 X선이 사람의 생명을 살리는 도구가 되었다고 하니 가슴이 벅차오른다. X선은 뼈가 부러진 곳이나 뼈에 금이 간 것까지도 찾아낼 수 있어 의학 분야에서 크게 활약하게 될 것이다.

그런데 오후 늦게 독일의 한 사업가가 찾아왔다. 그는 잔뜩 기대에 찬 목소리로 나에게 X선에 대한 특허를 넘겨 달라고 제안했다. 특허를 넘겨만 준다면 엄청난 금액으로 보상하겠다며 나의 마음을 떠보았다. 그의 속셈은 특허를 내 떼돈을 벌겠다는 의도였다. 그러나 난 특허 따위에는 관심이 없다며 그의 제안을 무 자르듯 거절했다.

X선은 원래 있던 것을 발견한 것일 뿐이다. 그런데 어떻게 특허를 내서 그 권리를 한 개인이 가질 수 있단 말인가? 과학자는 자신이 알아낸 자연의 신비로움을 사람들에게 알려 주고, 누구든지 그 기쁨을 함께 누리도록 해야 하는 것이다.

2 만 오천 장의 메모를 남긴 만능 재주꾼

"레오나르도, 세례를 받고 있는 예수님의 옆자리에 천사를 그려 볼래?"

이탈리아의 화가 베로키오가 그의 제자 레오나르도에게 말했어요. 레오나르도가 천사를 다 그리자 그림 주변으로 다른 제자들이 모여들었어요.

"천사가 마치 살아 있는 것 같아."

정말 천사의 얼굴에는 생동감이 넘쳤어요. 심지어 베로키오가 그린 예수님보다 레오나르도가 그린 천사 그림이 더 돋보였어요. 레오나르도의 그림 실력은 누가 보더라도 최고였어요.

점차 유명해진 레오나르도는 고향 피렌체에서 밀라노로 옮겨 와 새로운 삶을 시작했어요. 밀라노는 피렌체보다 큰 예술과 과학의 도시였어요. 레오나르도는 그곳에서 스포르차 공작의 개인 화가이자 군사 기술자로, 또한 건축가로 일했어요.

"레오나르도는 어디에 있나? 청동기마상은 도대체 언제 완성되는 건가?"

스포르차 공작은 화가 난 모습으로 레오나르도를 찾았어요. 레오나르도는 공작과 약속한 청동기마상의 뼈대만 만들고는 다른 일에 빠져 있었거든요.

레오나르도는 미술뿐만 아니라 다양한 학문에도 뛰어난 재능을 보였어요. 그래서 그는 주문받은 일을 끝까지 완성하지 못하는 일이 잦았어요. 그림을 그리다가도 아이디어가 떠오르면 그 일을 해야만 직성이 풀렸어요.

레오나르도는 쪽지에 이런저런 아이디어와 스케치를 많이 남겼어요. 특히 왼손잡이였던 그는 글자의 좌우를 바꾸어 쓰기도 했어요. 그래서 거울로 비춰 보아야지만 그의 글을 읽을 수 있었지요. 그가 쪽지에 남긴 그림들 중에는 오늘날의 낙하산, 비행기, 전차, 잠수함, 증기기관, 습도계와 같은 것들이 있었어요.

그것뿐만이 아니었어요. 레오나르도는 사람과 동물의 해부도를 평생 끊임없이 그렸어요.

'인간의 몸속에서는 어떤 일이 벌어지고 있을까?'

레오나르도는 인간의 겉모습을 그리는 것에만 만족하지 않았어요. 그는 인간의 몸을 해부하기로 결심했어요.

자정이 지난 어두운 밤, 레오나르도는 촛불을 들고 지하 창고로 몰래 들어갔어요. 그곳에는 교수형을 당한 시체가 놓여 있었어요. 레오나르도가 시체를 덮고 있던 천을 걷어 내자 시체 썩는 냄새가 진동했어요.

"우욱!"

레오나르도는 울렁거리는 가슴을 쓸어내리며 해부를 시작했어요. 자신이 손수 만든 칼로 시체의 배를 가르자 온갖 장기들이 드러났어요. 레오나르도는 꼼꼼하게 사람의 몸속을 관찰했어요. 그리고 심장과 장기들을 빠르게 그려 나갔어요. 레오나르도는 사람의 몸속에 피가 순환한다는 사실과 뼈와 근육이 움직이는 원리도 발견했어요.

밤마다 시체들과 함께 지내며 레오나르도는 열정적으로 해부도를 그렸어요. 그렇게 신체 구조를 파악한 덕분에 그의 그림에 등장하는 인물들의 표정과 동작은 아주 사실적이었지요.

레오나르도는 새롭게 발견한 내용들을 자세하게 메모하고 스케치로 기록했어요. 그렇게 레오나르도는 다양한 분야에 걸쳐 자신의 아이디어가 담긴 만 오천 장에 달하는 메모를 남겼답니다.

레오나르도 다 빈치(1452~1519년) 르네상스 예술의 거장 레오나르도 다 빈치는 이탈리아의 천재 미술가이자 과학자로, 조각·건축·수학·과학·음악에 이르기까지 다양한 분야에서 활동했어요. 〈모나리자〉, 〈최후의 만찬〉 등 세계적인 그림으로 유명한 레오나르도 다 빈치는 다양한 분야에 걸쳐 엄청난 분량의 쪽지를 남겼어요. 그러면서도 훗날 인생을 돌아보고 "나는 내게 주어진 시간을 허비했다"며 한탄했답니다.

시대를 뛰어넘은 천재

레오나르도 다 빈치는 미술품 뿐 아니라 자동차, 잠수함, 탱크, 거중기, 잠수 도구, 헬리콥터, 글라이더 등 수많은 기계 발명품을 만들었다. 그러나 설계도만 있을 뿐 안타깝게도 실물은 남겨져 있지 않다.

르네상스 정신에 기여

그는 미켈란젤로, 라파엘로와 함께 이탈리아 르네상스의 중심에 있었다. 르네상스란 재생과 부흥이란 뜻으로 고대 그리스, 로마와 같이 인간 중심적인 예술을 다시 부흥시키겠다는 문화 운동이다.

레오나르도는 적어도 25개 이상의 미술품을 만들었는데, 대표적인 작품에는 〈모나리자〉와 벽화 〈최후의 만찬〉이 있다.

레오나르도 다 빈치는 미술뿐만 아니라 해부학에도 관심이 많았다. 그는 각기 다른 나이의 남성과 여성의 시체를 30구 넘게 해부하고 스케치하였다. 그는 스케치한 종이에 깨알처럼 작은 글씨로 글을 적어 넣었다. 심지어 거울에 비춰 보아야만 해독할 수 있도록 글자의 좌우를 바꾸어 쓰기도 했다.

예순일곱의 나이로 세상을 떠난 레오나르도 다 빈치는 미술사에 길이 남을 걸작과 다양한 분야에 걸쳐 엄청난 분량의 쪽지를 남겼다. 레오나르도 다 빈치는 분명 시대를 뛰어넘은 천재적인 인물이다.

3 망원경으로 하늘을 가까이 가져오다

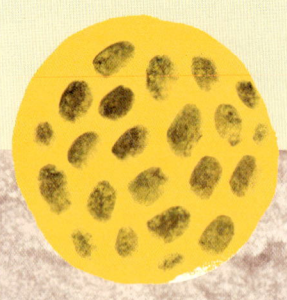

"속았군!"

갈릴레이는 크게 실망하며 중얼거렸어요.

1609년, 네덜란드에서는 저 멀리 있는 것을 눈앞으로 데려온다는 장난감이 크게 유행했어요. 그것은 바로 망원경이었지요.

그런데 갈릴레이가 사 온 망원경은 기다란 파이프 양쪽에 안경알 두 개를 끼운 게 전부였어요.

"사물이 희미한 데다 찌그러져 보이고, 겨우 두 배 정도밖에 확대되지 않는군."

갈릴레이는 불만스러운 표정으로 말했어요.

"망원경을 내가 한번 만들어 볼까?"

갈릴레이의 얼굴에 잔잔한 미소가 번졌어요.

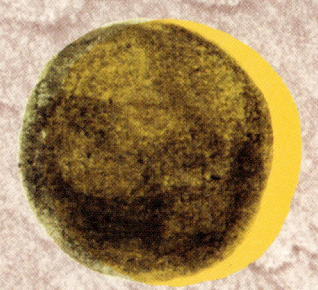

망원경의 기본 원리를 알아낸 갈릴레이는 직접 유리를 갈아 볼록렌즈와 오목렌즈를 만들었어요. 그리고 이 두 개의 렌즈를 긴 대롱의 양끝에 끼웠어요. 마지막으로 초점이 잘 맞도록 렌즈 간의 거리를 조정했지요.

"성공이야! 여섯 배 더 가까이 볼 수 있고 대상이 선명하게 보이기까지 해!"

많은 노력 끝에 갈릴레이는 여섯 배의 배율을 얻을 수 있는 망원경을 제작하는 데 성공했어요. 이는 오늘날 가장 많이 사용되는 일곱 배의 배율을 가진 쌍안경과 맞먹는 성능이었지요. 자신감을 얻은 갈릴레이는 아홉 배의 배율을 가진 망원경도 개발해 냈어요.

베네치아의 원로들은 갈릴레이의 망원경에 대한 소문을 듣게 되었어요. 그들은 갈릴레이의 망원경을 실험해 보고 싶어했어요.

"그럼 교회 종탑으로 오십시오."

갈릴레이는 원로들을 교회 종탑으로 초청했어요.

종탑에 도착한 원로들은 갈릴레이가 이미 설치해 놓은 망원경을 보았어요.

"믿을 수가 없군. 파두아 성당이 코앞에 있는 것처럼 보이네!"

망원경을 보던 원로의 눈이 휘둥그레졌어요. 파두아 성당은 원래 종탑에서 32킬로미터나 떨어져 있었거든요.

"어디, 나도 좀 보세."

궁금증을 참지 못한 한 원로가 망원경을 가로챘어요.

"오, 정말 놀랍군! 저 아래 거리의 사람들이 무엇을 하고 있는지도 다 보이는걸."

원로들은 마술 같은 일이라며 열광했어요.

갈릴레이는 서둘러 이십 배의 배율을 가진 망원경을 만들었어요. 이번에 갈릴레이가 이십 배율의 망원경으로 보려고 한 것은 바로 하늘이었어요. 갈릴레이는 망원경으로 달을 보았어요.

"아니, 이럴 수가! 달의 표면이 매끄럽지가 않아."

갈릴레이는 놀라움을 감추지 못했어요. 당시의 천문학은 달이 수정처럼 매끈하게 윤이 나는 구라고 주장했거든요. 그런데 망원경으로 보니 달의 표면은 산과 구덩이가 있어서 울퉁불퉁했어요.

그동안 고수해 왔던 전통적인 우주관이 무너지는 순간이었어요. 그때부터 갈릴레이는 연구를 거듭해 목성과 그 주위를 도는 네 개의 위성도 발견했어요.

당시 모든 사람들은 지구를 중심으로 행성이 돈다고 믿었어요. 그런데 갈릴레이는 태양을 중심으로 지구가 돈다고 주장했지요.

1610년, 갈릴레이는 망원경으로 알아낸 새로운 사실들을 『별들이 보내 온 소식』이란 책으로 펴냈답니다.

갈릴레오 갈릴레이(1564~1642년) 갈릴레이는 최초로 천체 망원경을 발명한 이탈리아의 과학자예요. 그는 이 망원경으로 태양의 흑점, 금성의 변화, 토성의 고리 등을 발견했고, 직접 보면서 우주를 탐구할 수 있게 했어요. 또한 지구가 태양을 중심으로 회전한다는 코페르니쿠스의 지동설이 옳다는 것을 밝혀냈지요. 갈릴레이는 근대 물리학과 천문학의 발전을 이룬 획기적인 과학자였답니다.

새로운 우주관을 제시한 갈릴레이를 만나다

기자 안녕하세요? 갈릴레이 님, 먼저 1992년에 로마 가톨릭교회로부터 죄를 용서받고 교수 자격을 되찾으신 것을 축하드립니다.

갈릴레이 정말입니까? 언빌리버블! 그럼 후대에는 가톨릭교회도 저의 지동설을 인정하게 되었단 말씀입니까?

기자 그렇습니다. 태양을 중심으로 지구가 움직인다는 지동설을 교회가 받아들였습니다. 당시 가톨릭교회가 주장한 천동설이 무엇인지 설명해 주시겠습니까?

갈릴레이 천동설이란 지구를 중심으로 하늘이 움직인다는 뜻이에요. 가톨릭교회는 신이 만든 지구가 세상의 중심이라고 믿었지요. 그래서 거기에 반대하는 지동설을 주장했던 저는 결국 종교 재판을 받아야만 했어요.

기자 그랬군요. 지동설을 주장한 사람으로 코페르니쿠스가 있죠?

갈릴레이 코페르니쿠스는 저보다 백 년 정도 앞서서 지동설을 주장한 폴란드의 과학자입니다. 코페르니쿠스가 쓴 『천체의 회전에 관하여』에서 그는 우주와 지구가 둥글다는 것을 얘기했죠. 또한 지구는 스스로 돌면서 태양 주위를 1년에 한 번 도는 별에 지나지 않는다고 말했어요.

기자 오늘날에는 당연하게 여겨지는 사실이 과거에는 세계를 떠들썩하게 한 주장이었군요. 그렇다면 지동설을 뒷받침할 증거로는 무엇이 있을까요?

갈릴레이 저는 망원경으로 금성을 관측했어요. 금성은 마치 달처럼 변화했어요. 보름달 모양일 때는 작고 어둡게 보이고, 초승달 모양일 때는 크고 밝게 보였지요. 이것은 금성이 지구 안쪽에서 태양을 중심으로 돌고 있다는 것을 의미했답니다. 또한 목성을 관찰하던 중 목성 주위를 돌고 있는 네 개의 위성을 발견했죠. 이 또한 우주에 존재하는 모든 물체가 지구를 중심으로 돈다는 천동설이 틀렸다는 증거가 되었답니다.

4 유럽을 놀라게 한 여섯 살 음악 신동

어느 날, 바이올린 연주자였던 모차르트의 아버지는 모차르트가 뭔가를 열심히 쓰고 있는 것을 보았어요.

"모차르트, 무엇을 그렇게 열심히 하고 있니?"

아버지가 사랑스런 표정으로 물었어요.

"피아노 연주곡을 만들고 있었어요. 곧 끝낼 수 있을 거예요."

아버지는 설마 하는 생각이 들었어요. 모차르트의 나이는 겨우 여섯 살이었거든요. 아버지는 의심스러운 눈으로 모차르트가 종이 위에 한참 끼적거려 놓은 것을 살펴보았어요. 그런데 꼬마 모차르트가 어른도 하기 힘든 작곡을 한 거예요.

아버지는 모차르트의 재능을 키워 주고자 연주 여행을 계획했어요.

독일 뮌헨에서의 성공적인 첫 번째 연주 여행을 마치고 모차르트 일행은 오스트리아의 수도 빈으로 향했어요.

"잘츠부르크의 여섯 살짜리 음악 천재가 빈에 왔다며?"

빈은 이미 음악 신동이 왔다는 소문으로 도시 전체가 들썩거렸어요.

"그 아이가 피아노를 그렇게 잘 친다며?"

"웬만한 어른 연주자보다 더 잘 친다네!"

사람들은 입이 마르도록 모차르트의 천재성을 칭찬했어요.

빈에서 모차르트는 인기가 아주 좋았어요. 그리하여 모차르트의 명성은 쇤브룬 궁까지 알려졌지요. 마리아 테레지아 황후는 모차르트를 쇤브룬 궁에 초대했어요.

궁궐에 간 모차르트는 궁전의 화려한 장식과 신기한 물건들을 구경하다 그만 넘어지고 말았어요.

그때 한 소녀가 나타나 모차르트를 일으켜 주었어요.

"정말 고맙습니다. 제가 크면 당신과 결혼하겠어요."

모차르트는 소녀가 마음에 들었는지 엉뚱한 말을 하고 말았어요. 소녀는 어리둥절하기만 했지요.(이 소녀는 훗날 프랑스 왕 루이 16세의 왕비가 된 마리 앙투아네트였답니다.)

"모차르트, 거기서 뭐하니? 연주해야 할 시간이다."

아버지가 모차르트에게 서두르라는 표정으로 말했어요.

모차르트는 무대에 올라 믿기 어려울 정도의 연주 실력을 보였어요. 꼬마 모차르트의 손가락 길이는 기껏해야 건반 여섯 개가 겨우 닿을 정도였어요. 하지만 모차르트는 그 작은 손으로 어려운 곡들을 정확하게 연주했지요.

관객들은 입을 떡 벌린 채 멍한 표정으로 모차르트를 쳐다보았어요. 곡이 끝났는데도 관객들은 넋이 나가 있었어요. 한참 후에야 객석에서 우레와 같은 박수가 터져 나왔어요. 관객들은 모두 감탄했어요.

"저 아이는 음악의 신일지도 몰라."

잠시 후, 모차르트는 건반을 천으로 가린 채 연주했어요. 천으로 피아노 건반을 가리고서도 멋진 연주를 해내는 대단한 꼬마 앞에서 사람들은 놀라움을 감추지 못했답니다.

볼프강 아마데우스 모차르트(1756~1791년) 오스트리아의 천재 음악가 모차르트는 거의 매년 연주와 작곡 여행을 떠났어요. 그가 가는 곳마다 사람들은 열광했고, 그를 숭배하는 사람들까지 생겨났답니다. 35년이란 짧은 생애 동안 모차르트는 〈피가로의 결혼〉, 〈돈 조반니〉, 〈마적〉 등의 주옥같은 작품을 남겼어요. 그리고 죽은 자를 기리는 노래인 〈레퀴엠〉을 미완성으로 남긴 채 세상을 떠났답니다.

찌르레기의 노래를 악보에 옮기다

5 번개를 길들인 채식주의 과학자

"자네 혹시 토끼인가? 왜 만날 풀만 먹나? 도대체 채식만 고집하는 이유가 뭔가?"

친구의 물음에 채소를 씹어 먹던 프랭클린이 미소를 지으며 말했어요.

"그게 그렇게 궁금한가? 난 책을 정말 좋아한다네. 하루라도 책이 없으면 안 되는 사람이지."

프랭클린은 책장에 꽂힌 책들을 바라보며 말했어요.

"그것과 채식이 무슨 관계가 있다는 건가?"

친구는 프랭클린이 무슨 말을 하는 건지 갈피를 잡을 수가 없었어요.

"책을 사기 위해 돈이 많이 드는 육식을 포기했단 말일세."

그때서야 친구는 고개를 끄덕였어요. 프랭클린은 책을 사기 위해 어쩔 수 없이 채식주의자가 된 것이었어요.

"그나저나 자네, 요즘 번개에 대해서 연구한다면서?"

"그렇다네. 번개는 전기가 방전되는 자연 현상이라는 걸 꼭 밝혀낼 거야."

프랭클린은 확신에 찬 눈빛으로 말했어요.

"이보게, 번개는 신이 인간의 죄를 벌하기 위해 내리는 거라네. 자네 그러다 번개 맞아 죽을 수도 있어!"

친구는 프랭클린의 생각을 조금 비꼬듯이 말했어요.

"그래? 그렇다면 지금까지 가장 죄를 많이 지은 곳은 교회겠구먼!"

프랭클린은 재치 있게 친구의 말을 받아쳤어요.

"뭐라고?"

번개는 높은 곳이나 금속 물질이 있는 곳으로 떨어지는 속성을 가지고 있어요. 그래서 교회의 십자가나 종탑의 종에 번개가 가장 많이 떨어졌던 거예요. 프랭클린의 재치 있는 대답에 친구는 자신이 졌다는 손짓을 했어요.

그때 밖이 어둑해지면서 비가 오기 시작했어요.

프랭클린은 식사를 하다 말고 자리에서 일어났어요.

"자네, 뭘 하려는 건가?"

"번개 잡는 연을 띄울 테니, 잘 보게."

프랭클린이 만든 연에는 금속 꼬챙이가 달려 있고 연줄에는 금속 열쇠가 묶여 있었어요.

"바람도 적당히 불고 번개도 자주 치니, 지금이 딱이야!"

높은 언덕 위에 선 프랭클린은 비를 흠뻑 맞으며 중얼거렸어요. 그의 옆에는 아들 윌리엄도 함께 있었지요. 프랭클린은 연줄을 풀어 연을 띄우기 시작했어요. 연이 서서히 번개가 치는 하늘 위로 올라갔어요.

잡았다!

야호!

"오늘이야말로 번개의 정체를 밝혀 내고야 말겠어."

천둥이 다시 요란하게 울리자 프랭클린은 조금 겁이 났어요. 이윽고 번개가 번쩍이더니 연에 연결된 금속 열쇠에 찌릿한 느낌이 닿는 게 느껴졌어요.

"이제 됐어."

프랭클린은 자신의 예상이 맞아 떨어지자 연줄을 힘차게 감기 시작했어요. 프랭클린은 외투 안에서 전기를 모으는 장치인 라이덴병을 꺼냈어요. 그리고 라이덴병에 금속 열쇠를 갖다 댔어요. 그러자 전기가 열쇠에서 병 안으로 흘러들어 갔어요.

"그것 보라고! 내 말이 맞았어. 번개는 전기가 흘러나오는 현상이었어."

프랭클린의 실험으로 번개는 정전기가 일으키는 방전 현상임이 밝혀졌어요.

그 후 프랭클린은 번개가 금속을 따라 흐른다는 사실을 이용해 피뢰침을 만들었어요. 건물 꼭대기에 피뢰침을 세우면 번개는 건물에 피해를 주지 않고 피뢰침을 따라 땅속으로 안전하게 흘러갔어요. 프랭클린은 피뢰침을 발명하여 번개의 피해를 막는 데 크게 이바지했답니다.

벤저민 프랭클린(1706~1790년) 미국의 정치가이자 과학자인 벤저민 프랭클린은 미국의 독립을 이끌어 내고 헌법의 기초를 마련해 민주주의의 기본을 세운 인물이에요. 그는 자연과학 분야에서도 활발하게 활동했는데, 그중에서도 피뢰침의 발명과 번개의 방전 현상을 증명하는 큰 업적을 이루었어요. 프랭클린은 현재 미국 백 달러 지폐의 주인공이기도 하답니다.

달력을 만든 인쇄업자 벤저민 프랭클린

벤저민 프랭클린의 초상화

벤저민 프랭클린은 자신의 묘비에 '인쇄인 프랭클린'으로만 쓰게 할 정도로 진솔하고 소박한 삶을 살았어요. 그는 자신의 인쇄소에서 달력을 만들어 팔았는데, 〈가난한 리처드의 달력, 1733년도〉라는 표지의 이 달력에는 날짜뿐만 아니라 여백 곳곳에 교훈적인 내용의 명언과 삶의 지혜들이 담겨 있어요. 프랭클린은 25년 동안 달력을 꾸준히 발행해 유명 작가의 명성을 누리기도 했어요.

프랭클린에 관한 재밌는 일화가 있어요. 어느 날 손님이 달력을 사러 왔다가 가격을 깎아 달라고 했더니, 프랭클린은 더 비싼 가격을 불렀대요. 화가 난 손님이 그 이유를 묻자 프랭클린은 시간은 금인데 가격을 흥정하느라 시간을 허비했기 때문이라고 대답했답니다.

★ 달력에 실린 명언들
오늘의 하루는 내일의 이틀이다 / 나쁜 습관은 지나간 달력과 함께 버려라
지갑이 가벼우면 마음이 무겁다 / 게으름뱅이가 잠잘 때 깊게 쟁기질을 하라

주워니 벤저민 프랭클린은 정치가, 외교관, 과학자, 저술가, 신문사 경영자였다고 하죠? 나처럼 완전 능력자였던 듯.
티아라 오! 명언들이 하나같이 참 좋아요. 외우고 다녀야겠다.
밝은햇살 프랭클린 님 덕에 번개 쳐도 무섭지 않으니! 완전 땡큐~

6 93번 이사하고 호를 30번 바꾼 화가

"더 이상 이곳에서 그림을 그릴 수 없겠어."

한 노인이 작업실에 어지럽게 널려 있는 목판들을 바라보며 말했어요. 그는 일본 에도 시대 때 우키요에라는 목판화를 그리던 화가 가츠시카 호쿠사이였어요.

"호쿠사이, 이번에도 이사를 하는 건가? 도대체 몇 번째인가?"

예순이 넘은 호쿠사이의 친구가 말했어요.

"글쎄? 육십 번째인가? 육십한 번째인가?"

호쿠사이는 자신이 이사를 간 횟수를 손꼽아 보았어요.

호쿠사이는 그림을 그리다 방이 어지러워지면 이사를 했어요. 그는 평생 아흔세 번이나 이사를 했는데, 마지막으로 이사한 곳은 예전에 살던 집이었어요. 그리고 호쿠사이는 호를 서른 번이나 바꾸기도 했지요. 호는 이름 대신에 부르는 별명 같은 거예요.

"그건 그렇고, 호쿠사이! 내가 부탁 하나 해도 되겠는가?"

친구는 호쿠사이에게 다정한 말투로 말했어요.

"내가 수탉을 워낙 좋아하잖나? 수탉 그림 하나만 그려 주겠나?"

"알겠네. 다음 주 정도에 한번 들르게."

친구는 너무나 기뻐하며 흐뭇한 표정을 지었어요. 호쿠사이의 그림을 얻을 수 있다니 어찌 기쁘지 않겠어요. 일주일 뒤, 친구는 약속대로 호쿠사이의 집에 왔어요.

"아직 다 그리지 못했네. 미안하지만 다음 주에 들르게."

친구는 실망했지만 더 기다리기로 했어요. 다시 일주일 후에 친구가 찾아왔으나 호쿠사이는 또 시간을 미루었어요. 그러다 삼 년이란 시간이 흘렀어요. 친구는 화가 나서 견딜 수가 없었어요.

"이 친구야! 지키지 못할 약속은 왜 해 가지고 이렇게 실망을 시키나? 그것도 삼 년 동안이나 말이야!"

친구는 호쿠사이를 쩨려보며 말했어요. 호쿠사이의 표정이 순식간에 얼음장처럼 차갑게 변했어요. 그는 종이와 물감을 가져오더니 수탉을 순식간에 그렸어요. 그림 속의 수탉은 마치 살아 있는 것 같았어요.

친구는 깜짝 놀란 표정으로 호쿠사이를 쳐다보았어요.

"이렇게 쉽게 그릴 수 있는 걸 왜 여태 미루었나?"

호쿠사이는 말없이 자신의 작업실 문을 열었어요. 작업실 안에는 수많은 수탉 그림들이 쌓여 있었어요.

"자네, 지금까지 이 많은 수탉 그림들을 그렸던 건가!"

친구는 작업실을 가득 메운 수탉 그림들을 둘러보며 탄성을 지르고 말았어요.

"난 다른 화가들과 똑같은 그림을 그리고 싶지는 않네. 지금까지 없었던 새로운 수탉 그림을 그리려고 했다네."

가츠시카 호쿠사이는 '있는 곳에 물들지 말 것'을 좌우명으로 삼았어요. 그런 그에게 평생 93회의 이사와 30회의 호를 바꾼 경험은 어쩌면 당연한 일이었어요.

항상 새로운 예술을 하려고 노력했던 호쿠사이는 모네와 고흐 등 서양의 인상파 화가들에게도 큰 영향을 주었어요. 프랑스의 작곡가 드뷔시도 호쿠사이의 걸작 〈카나가와의 큰 파도〉에서 영감을 얻어 교향시 〈바다〉를 완성했답니다.

가츠시카 호쿠사이(1760~1849년) 가츠시카 호쿠사이는 일본 에도 시대에 활약한 목판화가로 우키요에의 대표적인 작가예요. 세상의 모든 사물과 풍경을 그림에 담길 원했던 그는 일생 동안 삼만 점이 넘는 작품을 남겼지요. 특히 대표작인 〈후가쿠 36경〉은 일본 목판화에 있어 최고의 작품이에요. 그의 작품은 모네, 고흐 등 서양의 인상파 화가들에게 강렬한 인상을 심어 주었답니다.

서양 미술에 영향을 준 우키요에

우키요에는 '덧없는 세상의 그림'이란 뜻을 가진 일본 에도 시대에 유행한 그림 양식으로, 일상생활과 풍경 등을 그린 목판화이다. 화려한 원색을 사용한 것과 선이 뚜렷한 것이 특징인 우키요에는 유럽의 인상파 화가들에게 새로운 자극을 주었다.

당시 미술가나 수집가들은 앞다투어 일본의 우키요에를 먼저 손에 넣으려고 경쟁했다. 인상파 화가들은 빛의 변화에 따라 순간을 포착해서 그림을 그렸다. 예를 들면 하늘을 항상 파랗게 그리지 않고 때에 따라 붉기도 하고, 노랗기도 하게 그린 것이다.

서양 화가들의 우키요에 사랑

우키요에의 영향을 가장 많이 받은 서양의 인상파 화가는 모네와 고흐였다. 모네는 자신의 집안 구석구석에 우키요에를 걸어 놓았다. 또한 고흐는 가츠시카 호쿠사이의 책과 사백 점이 넘는 우키요에 작품을 수집했다. 고흐가 그린 〈탕기 영감의 초상〉에는 우키요에가 배경으로 사용되기도 했다.

가츠시카 호쿠사이의 〈카나가와의 큰 파도〉

빈센트 반 고흐의 〈탕기 영감의 초상〉

7. 노벨상을 만든 다이너마이트 왕

"죽음의 상인 사망. 이전보다 더 빨리, 더 많은 사람을 죽이는 방법을 찾아내 부자가 된 알프레드 노벨 박사가 어제 숨졌다."

신문을 읽던 알프레드 노벨은 기분이 언짢았어요.

"정말 어이가 없군!"

프랑스 신문이 노벨의 형인 루드비히가 사망한 것을 알프레드가 사망한 것으로 착각해 잘못된 기사를 내보냈던 거예요.

노벨은 사실과 다른 기사에 화가 났어요.

'이것이 나에 대한 세상의 평가란 말인가!'

노벨은 우울한 심정으로 눈을 감고 지난날에 발명한 다이너마이트를 떠올렸어요.

젊은 시절 노벨은 아버지와 함께 나이트로글리세린과 중국의 화약을 혼합한 액체 폭약, 또 그것을 폭파시키는 뇌관을 발명했어요.

새로운 폭약을 사려는 주문은 넘쳐났고, 이것을 생산하기 위해 공장도 바쁘게 돌아갔어요. 그런데 갑작스런 사고로 액체 폭약을 만들던 사람들이 죽는 사건이 발생했어요. 뉴욕의 한 호텔에서도 나이트로글리세린이 든 상자가 폭발해 많은 사람들이 다쳤어요. 오스트레일리아의 시드니에서도 폭발 사고가 일어났지요.

노벨은 인명 피해를 줄이기 위해 안전한 폭약을 만들어야 했어요. 이 문제를 해결하지 못한다면 노벨이 운영하던 공장은 문을 닫아야 할 판이었지요. 노벨은 오랫동안 이 문제를 푸는 데 골몰했어요.

그러던 어느 날, 노벨은 해결의 실마리를 찾아냈어요.

"액체인 나이트로글리세린은 진동이나 충격에 쉽게 폭발하는 성질을 지니고 있어. 액체를 고체로 만들면 되는 거야. 그리고 나이트로글리세린이 잘 스며들어 안전하면서도 폭발력을 유지할 수 있는 성분을 찾아내야 해."

오랜 연구 끝에 노벨은 나이트로글리세린을 규조토에 흡수시켜 만든 고체 폭약을 발명했어요. 바닷가나 강가에 많은 흙의 일종인 규조토는 잘게 부서지는 특성이 있어 나이트로글리세린을 잘 흡수했어요. 노벨은 이 고체 폭약에 힘을 뜻하는 '다이너마이트'라는 이름을 붙였어요.

다이너마이트는 1867년에 영국, 스웨덴, 미국에서 특허를 얻었고 광물을 캐는 광산이나 길을 뚫는 건설 현장에서 널리 사용되었어요.

다이너마이트의 발명으로 노벨은 백만장자가 되었어요.

한편 나이트로글리세린의 단점을 보완한 다이너마이트 덕분에 폭발 사고는 줄었지만 의외의 상황이 벌어졌어요. 다이너마이트가 전쟁터로 흘러 들어가 사람을 죽이는 무기로 둔갑한 것이었어요. 노벨의 바람과는 정반대로 다이너마이트 때문에 더 많은 사람들이 죽어 나갔어요.

지난 일을 돌이켜 보던 노벨은 씁쓸한 미소를 지었어요. 자신이 발명한 다이너마이트가 무기로 사용되는 게 몹시 안타까웠어요. 깊은 생각 끝에 노벨은 큰 결정을 내렸어요.

"내가 가진 재산으로 모든 인류에게 혜택을 주어야겠어!"

노벨의 아이디어가 다시 한번 멋지게 빛나는 순간이었어요.

노벨은 흐뭇한 표정으로 자신의 생각을 유언장에 적어 나갔어요.

'나는 기꺼이 내 유산의 일부를 기부합니다. 인류를 위해 공헌한 사람들에게 나누어 주십시오.'

노벨은 자신의 유산인 3,100만 크로나(스웨덴의 화폐 단위)를 스웨덴의 왕립과학아카데미에 기부했어요. 이에 따라 아카데미에서는 이 유산을 기금으로 해서 노벨재단을 만들고 노벨상을 수여하기로 했답니다.

 **알프레드 노벨**(1833~1896년) 스웨덴의 발명가이자 화학자로 다이너마이트를 발명한 사람이에요. 노벨은 다이너마이트로 유럽 최대의 부자가 되었지요. 그러나 다이너마이트가 본래의 의도와 달리 전쟁에서 무기로 사용되자 가슴이 아팠어요. 그래서 자신의 재산을 기부하겠다는 유언을 남겼고, 그의 유언에 따라 1901년부터 과학의 발전과 세계 평화에 기여한 사람에게 노벨상을 수여한답니다.

노벨상을 만든 노벨을 만나다

기자 안녕하세요? 알프레드 노벨 님, 선생님이 만드신 노벨상은 세계에서 아주 권위 있는 상으로 인정받고 있는데요. 노벨상은 어느 분야에 수여하나요?

노벨 문학, 물리학, 화학, 생리 및 의학, 평화 분야에서 공헌한 사람이나 단체에게 주지요. 아참! 1969년부터는 경제학상이 추가되었다고 들었어요.

노벨상 메달

기자 그렇군요. 노벨상은 언제 어디에서 주나요?

노벨 시상식은 매년 12월 10일 스웨덴의 수도 스톡홀름의 콘서트홀에서 거행돼요. 그곳은 제가 세상을 떠난 곳이지요. 보통 스웨덴 국왕이 시상하도록 되어 있어요. 그런데 평화상만은 같은 날 노르웨이의 수도 오슬로에서 시상해요.

기자 노벨상을 수상하면 부상으로 무엇을 주나요?

노벨 상은 금메달·상장·상금으로 구성되는데, 상금은 매년 그 금액이 조금씩 달라요. 또, 한 부문의 수상자가 2명 이상일 경우에는 상금을 나누어 주도록 되어 있어요.

기자 노벨상을 수상한 가족도 있다면서요?

노벨 노벨상을 수상한 가족으로는 퀴리 부부의 물리학상(1903년), 퀴리 부인의 화학상(1911년), 퀴리의 딸 졸리오 퀴리 부부의 화학상(1935년)이 있어요.

기자 노벨 님, 대한민국에도 노벨상을 받은 사람이 있답니다. 한국과 동아시아에서 민주주의와 인권을 위해, 그리고 특히 북한과의 평화와 화해를 위해 노력한 고 김대중 대통령이 2000년에 노벨평화상을 수상하셨어요.

노벨 와우, 축하합니다. 아주 기쁜 일이군요.

8 대사 없는 연기로 세계를 웃긴 사람

"채플린 씨, 반갑습니다. 저는 키스톤 영화사를 운영하는 맥 세네트입니다."

찰리 채플린은 낯선 사람의 인사에 조금 긴장되었어요.

"채플린 씨가 출연한 연극을 보았습니다. 이제부터 영화에 출연해 보시는 건 어떻겠습니까?"

채플린은 뜻밖의 제안에 가슴이 두근두근 뛰었어요.

"지금 받으시는 봉급의 두 배를 드리겠습니다. 당신은 할리우드에서 성공할 수 있는 모든 조건을 가지고 있어요."

세네트는 확신에 찬 목소리로 말했어요. 채플린은 자신을 알아주는 세네트에게 인생을 걸어 보기로 했어요.

채플린은 키스톤 영화사와 계약을 맺고 영화에 출연하게 되었어요. 채플린은 스튜디오 안을 거닐며 세네트의 눈에 띌 만한 곳에서 기웃거렸어요. 좋은 역할을 따 내기 위한 채플린만의 노력이었어요.

"뭔가 웃기는 장면이 필요한데……."

재미난 장면을 연출하기 위해 고민하던 세네트는 기웃거리는 채플린을 바라보았어요.

"채플린, 무엇이든 상관없으니 웃긴 분장을 하고 나와 보게."

드디어 채플린에게 기회가 찾아왔어요.

"내가 입은 옷만 보고도 세네트 씨를 웃길 수 있어야 해!"

채플린은 분장실에서 여러 종류의 옷을 입었다 벗었다 반복하며, 자신이 맡은 배역에 어울리는 옷이 무엇일까 고민했어요. 분장을 마치고 나온 채플린이 무대에 서자 세네트와 영화 관계자들은 박수를 쳤어요.

"헐렁한 바지에 꽉 끼는 윗도리라! 괜찮은걸!"

"작은 모자에 큰 구두는 또 어떻고!"

"짧은 콧수염에 지팡이를 든 모습만 보아도 웃음이 나와!"

채플린이 어깨를 으쓱거리며 지팡이를 빙빙 돌리자 사람들이 크게 웃기 시작했어요. 채플린은 머릿속에서 생각나는 온갖 우스운 장면들을 연기해 보였어요.

"제가 연기하는 이 인물은 정말 다재다능한 사람입니다. 떠돌이면서 신사, 몽상가이면서 외톨이기도 하죠. 모험을 즐기고, 사람들이 자신을

과학자, 음악가, 운동선수로 알아주기를 원해요."

채플린은 분장한 인물에 대해 설명했어요.

세네트는 이번엔 호텔 배경의 세트장에서 즉흥 연기를 해 보라고 요청했어요. 채플린은 잠잘 곳을 찾아 호텔 안에 들어온 뜨내기를 연기하기로 마음먹었어요.

호텔에 들어선 채플린은 한 부인의 발에 걸려 넘어졌어요. 그는 정중하게 사과를 하고 돌아섰지만 다시 쓰레기통에 걸려 넘어지고 말았어요. 다시 일어선 채플린은 쓰레기통에 대고 정중히 사과를 했어요.

여기저기서 웃음이 터져 나왔어요. 스튜디오에 있던 많은 사람들이 채플린의 연기를 보고 배꼽을 잡았어요.

이후 채플린은 무성영화에서 기가 막히게 익살스럽고 재미있는 연기를 보여 주었어요. 대사 없이 몸짓과 표정으로만 연기해야 하는 무성영화는 표정과 행동을 재미있게 구사하는 채플린에게 딱 맞았지요. 채플린은 바보 같은 표정과 행동으로 사람들을 웃긴 세계 최고의 배우랍니다.

찰리 채플린(1889~1977년) 찰리 채플린은 영국의 희극배우이자 영화감독이에요. 그는 〈황금광 시대〉, 〈모던 타임스〉, 〈위대한 독재자〉 등 무성영화와 유성영화를 넘나들며 위대한 작품을 만들었어요. 특히 콧수염을 지니고 작은 모자를 쓴 떠돌이 캐릭터로 세계적인 인기를 끌었어요. 1975년에는 영국의 엘리자베스 여왕으로부터 공로를 인정받아 귀족 작위를 받기도 했답니다.

웃음 속에 철학이 있는 코미디 영화

왕과 왕족들의 진기록

1 한 끼에 반찬 수만 무려 128가지

"태후마마, 용안(왕의 얼굴)을 씻겨 드리겠사옵니다."

잠에서 깬 서태후에게 궁녀가 말했어요.

궁녀가 서태후의 얼굴을 조심스레 닦자 지난밤에 발랐던 달걀 물이 주르륵 흘러내렸어요. 서태후는 자기 전에 항상 달걀 물을 찍어 얼굴에 발랐어요. 달걀 물을 바르면 피부가 팽팽해진다고 믿었거든요.

세수를 마치자 이번엔 머리를 빗겨 주는 환관이 들어왔어요.

"태후마마, 머리를 빗겨 드리겠사옵니다."

환관은 잔뜩 긴장한 채 머리카락을 정성스럽게 빗겼어요. 그러다가 그만 태후의 머리카락 한 올이 빠져 바닥에 떨어졌어요.

"네 이놈! 이 녀석을 데리고 나가 곤장을 쳐라."

"태후마마! 한 번만 용서하여 주시옵소서. 태후마마!"

환관이 머리를 조아리고 용서를 구했지만 소용없는 일이었어요. 서태후는 머리카락을 굉장히 소중히 여겼거든요. 그 누구라도 서태후의 머리카락을 빠지게 하면 곧바로 곤장을 맞았어요.

"태후마마, 이제 모유를 드실 시간이옵니다."

태후는 아침마다 아기 엄마의 젖에서 짠 모유를 마셨어요. 모유가 젊음을 유지할 수 있게 해 준다고 믿었기 때문이었어요.

"태후마마, 어제 고르신 옷으로 준비했사옵니다."

궁녀 여러 명이 태후가 입을 옷을 가지고 나왔어요. 태후의 옷을 넣은 상자만 삼천 개가 넘었어요. 태후는 하루에도 여러 번 옷을 바꿔 입었어요.

"태후마마, 손톱을 다듬어 드리겠사옵니다."

궁녀 한 명이 손톱을 가위로 다듬었어요. 태후의 양손 네 번째 손톱과 새끼손톱은 길이가 무려 10센티미터나 되었어요. 만약 누군가 이 손톱을 부러뜨리기라도 한다면 목숨이 두 개라도 모자랄 판이었지요.

마침내 온몸을 다 꾸민 서태후가 문을 나서자 모든 궁녀와 환관들이 그녀를 따랐어요.

"식사를 하러 가야겠다!"

서태후는 가마에 올라탔어요. 앞뒤로 향을 피우는 환관들이 서고, 좌우로는 황제와 황후가 걸어갔어요. 서태후는 황제는 아니었지만 자신이 세운 황제와 황후를 허수아비로 만들 정도로 강력한 힘을 갖고 있었어요. 이미 궁궐에는 서태후의 사람들뿐이었고 황제 역시 태후의 지시대로 움직였어요.

서태후는 하루에 두 번의 식사와 두 번의 간식을 먹었어요. 태후의 식단은 매우 사치스러워 식사 한 끼에 차려 낸 음식이 무려 128가지나 되었어요. 전국에서 뽑힌 100여 명의 주방장은 음식 솜씨가 뛰어났으며 각자 자기만의 특별 요리법을 가지고 있었어요. 으리으리한 음식이 100여 개의 접시 위에 질서정연하게 차려졌어요.

"오리고기가 먹고 싶구나."

궁녀가 서둘러 오리고기가 있는 자리로 걸어갔어요. 그리고 오리고기 몇 점을 접시에 담아 태후 앞에 조심스럽게 올려놓았어요. 상이 워낙 크다 보니 멀리 있는 음식은 궁녀가 그때그때 집어다 주었지요. 태후는 금 젓가락을 들고 오리고기를 맛보았어요.

이렇게 서태후가 먹은 한 끼의 식사는 백성 수만 명이 끼니를 해결하는 비용과 맞먹었어요.

서태후가 부린 사치의 가장 대표적인 예는 바로 현재까지 중국의 문화유산으로 남아 있는 이화원이에요. 서태후는 전쟁 비용까지 빼돌려 자신이 머무를 이화원을 치장했어요. 황제를 뛰어넘는 권력으로 청나라를 통치한 서태후는 세계 역사상 가장 사치스러운 황후였답니다.

서태후(1835~1908년) 청나라 함풍 황제의 후궁이었으며 동치 황제의 어머니였던 서태후는 아들인 동치 황제가 여섯 살에 황제가 되자 동태후와 함께 나라를 다스렸어요. 동치 황제가 죽자 서태후는 광서 황제를 즉위시키고 자신이 대신해서 나라를 다스렸지요. 서태후는 1900년 의화단을 이용해 외국 세력에 대항하려다 실패했어요. 그 후 청나라의 권위가 무너지기 시작했답니다.

모든 권력, 내 손 안에 있소이다

서태후의 일기

이화원

과연 이화원은 황실의 정원답게 웅장하고 화려하다. 인공으로 만든 호수는 바다라고 해도 믿을 정도다. 이곳을 거처로 삼으니 자금성의 광서 황제도 부럽지 않다. 오히려 황제가 나를 부러워할 것이다.

자금성을 떠나 이화원에 왔다고 뒷방 늙은이 신세가 된 것은 결코 아니다. 이미 궁궐과 조정에는 내 사람들뿐이다. 이제는 자금성에 있지 않아도 나랏일을 훤하게 들여다볼 수 있다. 게다가 광서 황제는 매일 아침마다 문안 인사를 한 뒤 나랏일을 보고한다. 그러니 황제는 꼭두각시일 뿐이고 여전히 중국을 통치하는 것은 바로 나, 서태후다. 하긴 광서 황제를 황제로 만든 것은 나이지 않은가!

요즘 따라 동치 황제가 부쩍 생각난다. 불쌍한 내 아들! 하지만 동치 황제는 아들이기 전에 라이벌이었다. 어린 황제가 점점 자라서 스스로 나라를 통치할 시기가 다가오자 난 두려웠다. 그래서 난 동치 황제가 잘못되기를 바랐고 몹쓸 병에 걸려 죽도록 내버려 두었다.

세상이 나를 비정한 어미라고 욕해도 후회하지 않는다. 누구라도 나의 권력을 가로막는 장애물이라면 가차 없이 제거할 것이다.

2. 고기 때문에 죽을 뻔한 천황

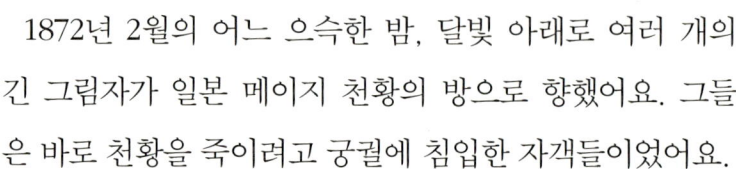

1872년 2월의 어느 으슥한 밤, 달빛 아래로 여러 개의 긴 그림자가 일본 메이지 천황의 방으로 향했어요. 그들은 바로 천황을 죽이려고 궁궐에 침입한 자객들이었어요.

자객들이 천황의 방 앞에 이르자, 천황을 지키던 병사들이 막아섰어요.

챙! 챙!

치열한 싸움 끝에 병사들은 자객들을 제압했어요.

심문을 맡은 조사관은 붙잡혀 온 자객에게 물었어요.

"너희는 무슨 이유로 천황을 죽이려고 했느냐?"

두목으로 보이는 한 자객이 비장한 목소리로 말했어요.

"천황이 쇠고기를 먹었기 때문이다."

조사관은 의아한 표정을 지으며 다시 캐물었어요.

"쇠고기를 먹었기 때문이라니, 그게 무슨 말이냐?"

"천황은 천 년을 넘게 지켜 온 육식 금지령을 없앴다. 게다가 고기를 즐겨 먹기까지 해서 많은 사람들이 따라하게 되었다. 고기를 먹으면 몸과 마음이 더럽혀져 더 이상 신이 머무를 곳이 없다."

일본은 오래전부터 불교를 받아들여 육식을 금지했어요. 불교에서는 살아 있는 것들의 목숨은 모두 소중하므로 함부로 죽여서는 안 된다고 주장했거든요. 그래서 일본 사람들은 1200여 년간 쇠고기, 돼지고기를 먹지 않았어요.

그런데 메이지 천황은 왕위에 오른 후 육식 금지령을 없애고, 매일 고기를 먹었어요. 그러자 불교 신자들과 이전 천황을 따랐던 사람들은 펄쩍 뛰었어요. 그리고 메이지 천황을 죽이기로 했던 거예요.

입술을 꽉 깨물고 있던 자객이 말했어요.

"육식을 하자는 것은 기존의 일본의 사상을 무시하고, 서양에서 온 이방인들과 교류하자는 말이나 다름없다. 천황 때문에 일본의 고유한 정신이 사라지고 있다."

1867년, 일본은 서양의 나라들을 향해 문을 활짝 열었어요. 서양의 발달된 문물을 받아들이고 서양 사람들도 나라 안에 출입할 수 있게 했지요. 하지만 이를 싫어하고 못마땅하게 여긴 사람들도 많았어요.

천황은 자신을 암살하려 했던 자객들의 이야기를 들었지만 아랑곳하지 않았어요. 보다 못한 신하 한 명이 천황에게 간곡히 부탁했어요.

"천황 폐하, 백성들의 원성이 높습니다. 천 년이 넘도록 육식을 금하며 살아왔는데 어떻게 고기를 먹을 수 있겠습니까?"

천황은 신하를 나무라며 말했어요.

"자네는 내가 단순히 고기가 맛있어서 먹는 줄 아는가? 우리는 서양의 발달된 과학 기술을 배워야만 하네. 그렇지 않으면 언젠가 저들에게 나라를 내어 주게 될지도 몰라. 그런데 우리 일본인들은 서양인에 비해 몸이 너무 작고 힘이 약하네. 우리가 저들과 동등한 입장에서 교류하려면 저들과 같이 크고 튼튼한 몸을 가져야만 해. 고기를 먹으면 단백질과 지방이 충분히 공급돼 우리 일본 사람들의 몸도 서양인처럼 커질 것이네."

천황은 목소리를 높여 계속 말했어요.

"백성들이 오랫동안 고기를 먹지 않아 거부감을 느낀다면 입맛에 맞는 요리법을 개발하면 되는 것이네. 비리지 않으면서 거부감도 생기지 않는 맛깔스러운 음식을 말이야."

천황의 바람대로 일본 사람들의 입맛에 맞는 돈가스와 샤브샤브 같은 음식들이 만들어졌어요. 이제 일본 사람들은 거부감 없이 고기를 먹을 수 있게 되었어요.

메이지 천황은 일본을 근대적인 국가로 만드는 데 혼신의 힘을 다했어요. 일본은 메이지 유신이라는 개혁을 통해 동양에서 가장 먼저 근대 국가를 이루었어요. 메이지 유신은 일본의 음식 문화에도 큰 변화를 가져왔어요. 그래서 메이지 유신을 요리 유신이라고도 부른답니다.

메이지 천황(1852~1912년) 메이지 천황은 일본의 제122대 왕으로, 에도 막부를 무너뜨리고 천황 중심의 왕정을 실시했어요. 이어서 1868년에 에도(도쿄의 옛 이름)를 도쿄로 바꾸고 이듬해에는 수도를 도쿄로 옮겼지요. 메이지 천황은 서구의 문물과 제도를 받아들여 '메이지 유신'이라는 대대적인 개혁을 추진했는데, 이때부터 일본에 정치적으로는 입헌군주제가, 경제적으로는 자본주의가 성립되었답니다.

메이지 유신은 요리 유신?

천황 중심의 새 정부는 1868년 서구의 근대적인 문물과 제도를 받아들여 메이지 유신을 추진하고 있다. 메이지란 일본의 메이지(무쓰히토) 천황이 다스리던 시대를 뜻한다. 또한 유신이란 낡은 제도를 새롭게 고친다는 뜻이다. 서구화 정책을 강력하게 추진 중인 계몽가 후쿠자와 유키치는 아시아의 일원에서 벗어나 유럽의 일원이 되자고 말했다.

서양 요리를 먹자는 캠페인 등장

'서구를 따라잡아 서구를 뛰어넘자'는 구호가 일본의 음식 문화를 바꾸게 했다. 서양과 대등해지려면 무엇보다 영양가가 풍부한 서양 음식을 도입하는 일부터 하자는 것이다. 그래서 천황이 솔선해서 육식을 하는가 하면 정부가 서양 요리를 먹자는 캠페인을 벌였지만 백성들의 저항은 거셌다.

이에 따라 서양 요리를 일본인들의 입맛에 맞게 바꾼 요리가 속속 등장하고 있는데, 쇠고기를 된장이나 간장으로 맛을 낸 샤브샤브나 전골이 그것이다. 또한 서양 음식 재료인 밀가루를 고기와 함께 요리한 돈가스도 등장했다. 돈가스는 일본어로 돼지를 뜻하는 '돈'과 서양의 두툼한 고기 토막을 뜻하는 커틀릿(cutlet)의 일본식 표기인 '가스레스'가 합쳐져 만들어진 말이다. 돈가스 외에도 고기와 야채를 섞은 튀김인 고로케, 서양식 빵과 일본의 곡식인 팥을 결합한 단팥빵도 새로 선보였다.

이제 일본의 수도인 도쿄에는 양식집만 수천 군데가 넘는다. 그래서 이 같은 변화를 가져온 메이지 유신을 '요리 유신'이라고도 하는 것이다.

3 치명적인 매력의 이집트 여왕

로마의 지도자였던 폼페이우스는 또 다른 로마의 지도자 카이사르와의 전쟁에서 패한 후 이집트로 도망을 쳤어요. 그런데 이집트의 왕 프톨레마이오스 13세는 카이사르의 공격이 두려워 폼페이우스를 받아 주지 않았어요. 반대로 폼페이우스를 죽여 그의 머리를 카이사르에게 바치기로 했지요.

얼마 후 카이사르는 폼페이우스의 죽음을 확인하러 이집트의 수도 알렉산드리아에 도착했어요.

"이집트는 나일강의 선물이라더니 과연 기름진 땅이로구나!"

카이사르는 이집트의 땅을 둘러보며 감탄한 듯 말했어요.

이집트 왕실에서는 카이사르를 극진하게 대접했어요. 그리고 온갖 신기한 보물들을 그에게 바쳤지요.

그러던 어느 날이었어요.

"카이사르 님, 이번 선물은 이집트인들이 만든 최고급 양탄자입니다."

선물을 소개하는 시종이 양탄자를 방 안으로 옮겼어요.

"양탄자를 펼쳐 보거라."

카이사르는 양탄자에 새겨진 아름다운 무늬를 감상하려고 했어요.

그런데 이게 웬일! 돌돌 말려 있던 양탄자를 펼치자 뜻밖에도 웬 아리따운 여인이 굴러 나온 거예요. 방 안에 있던 모두가 여인의 예상치 못한 출현에 깜짝 놀랐어요.

여인은 오뚝한 코에 매혹적인 눈빛, 아름다운 몸매를 가진 미인이었어요. 카이사르는 여인의 미모에 눈을 떼지 못했어요. 수많은 전쟁터에서도 흔들리지 않던 카이사르의 마음이 매우 떨리고 있었어요.

호위병들은 한걸음에 달려가 그 여인에게 칼을 겨누었어요.

"물러서라."

카이사르는 호위병들을 제지하고 여인에게 다가갔어요.

"도대체 너는 누구냐?"

카이사르의 물음에 여인은 차분하게 자신을 소개했어요.

"저는 클레오파트라입니다. 프톨레마이오스 왕의 누이이자 부인이며 이집트의 공동 통치자이기도 합니다. 그런데 얼마 전부터 프톨레마이오스 왕은 저를 밀어내고 권력을 혼자 독차지하려 했답니다. 그리고 결국 저를 외진 곳에다 가둬 버렸지요."

클레오파트라는 능숙한 로마어로 이야기했어요.

"그대에 대한 이야기는 나도 들어 알고 있소. 그런데 이곳에 몰래 숨어든 이유가 무엇이오?"

카이사르의 말투가 마치 사랑하는 여인을 대하는 것 같았어요. 카이사르는 이미 클레오파트라에게 홀딱 반하고 말았거든요.

"저는 지금 쫓기고 있습니다. 아버지의 유언대로라면 프톨레마이오스 왕과 저는 이집트를 함께 통치해야 합니다. 그런데 왕과 그를 따르는 무리들은 저를 이집트에서 내쫓고자 합니다. 그러니 부디 저를 도와주십시오. 당신이라면 그렇게 해 주실 수 있지요? 그렇지요?"

클레오파트라의 눈에 눈물이 그렁그렁 맺혔어요. 카이사르는 클레오파트라의 소원을 들어주고 그녀와 행복하게 살고 싶었어요.

결국 카이사르는 프톨레마이오스와 클레오파트라를 불러 놓고 함께 이집트를 다스리라고 지시했어요. 그것은 사실상 클레오파트라의 승리였지요.

이처럼 클레오파트라에게 아름다운 미모는 무엇보다 강력한 최고의 무기였어요. 카이사르의 여인이 된 클레오파트라는 이집트의 독립과 왕좌를 보장받았어요. 그리고 자신을 궁지로 몰아넣은 남동생 프톨레마이오스를 견제할 군대까지 얻게 되었답니다.

클레오파트라 7세(기원전 69~기원전 30년) 이집트 프톨레마이오스 왕조의 마지막 여왕인 클레오파트라는 남동생 프톨레마이오스 13세와 결혼해 이집트를 공동으로 통치하다가 왕위에서 쫓겨났어요. 그 후 카이사르와 인연을 맺어 왕위를 되찾고 그와의 사이에서 아들 카이사리온을 낳았으며, 카이사르가 암살된 후에는 막강한 정치가 안토니우스와 결혼했어요. 그녀는 당대 로마의 두 영웅을 사로잡은 최고의 미녀였답니다.

◀▶ 나라를 기울게 할 만큼 아름다웠던 여인

서양의 절세미인으로 클레오파트라가 있었다면, 동양엔 양귀비가 있었답니다.

사람의 마음을 홀려서 정신을 못 차리게 하는 아편 꽃에 '양귀비'란 이름이 붙을 정도로, 양귀비는 치명적인 매력을 지닌 여인이었지요. 그녀는 원래 당나라 현종의 18번째 아들인 수왕의 아내였어요. 그런데 당시 예순에 가까웠던 현종은 그녀를 보고 며느리란 사실도 잊은 채 그녀를 차지하려고 했지요. 망설이던 그녀는 수왕을 버리고 현종의 여자가 되기로 결심했어요. 현종은 양귀비를 자신의 말을 이해하는 꽃이라는 뜻의 '해어화(解語花)'라고 불렀어요.

내가 좀 많이 예뻐요!

양귀비를 맞아들인 현종은 사랑에 눈이 멀어 정치를 소홀히 했어요. 그러다 결국 왕위에서 쫓겨났지요. 그 후 양귀비도 반란군을 피해 도망가다가 죽음을 맞았답니다.

프리티걸 아, 클레오파트라도 그렇고 양귀비도 너무 예뻐서 주변에서 가만두질 않았나 봐요. 나처럼.

모태솔로 현종이 양귀비를 만나기 전까지는 당나라가 태평성대였다는데…, 미인 한 명이 이렇게 나라를 기울게 할 수도 있는 거군요.

딴지님 그런데 양귀비는 일본으로 건너가서 살았다는 설이 있어요. 양귀비의 후손이라며 족보까지 들고 나온 일본 사람도 있대요.

4 영원히 살고 싶었던 중국의 첫 황제

중국 진나라의 첫 번째 황제인 시황제가 신하에게 물었어요.
"동쪽으로 불로초를 구하러 간 서복은 아직도 소식이 없는 게냐?"
"그게, 저……."
신하는 긴장해서 말을 잇지 못하고 침을 꿀꺽 삼켰지요.
"하나쯤 있을 법도 한데……."
시황제는 시간이 흘러도 늙지 않고 죽지 않는다는 영생의 불로초를 구하려고 했어요. 하지만 천하를 통일한 진나라의 시황제도 죽음 앞에서는 어쩔 수 없었어요. 언제까지나 권력을 휘두르며 영원히 살고 싶었지만 인간인 이상 죽음을 피할 수는 없었지요.
"휴, 정녕 그런 신비의 풀은 없단 말인가."

시황제는 한숨을 쉬며 말했어요.
"그렇다면 훗날 나의 무덤이 될 지하 궁전을 짓고 거기에 넣을 병마용갱을 만들도록 하라."

시황제는 죽음을 피할 수 없다면 죽어서도 살았을 때의 영화를 누리고자 했어요.

얼마 전까지는 불로초를 구해 오라더니 이제는 지하에 무덤을 만들라고 하니, 신하의 마음은 답답하기만 했어요. 하지만 왕 앞에서 절대 내색할 수는 없었지요.

"지하 궁전의 천장에는 보석을 박고, 바닥에는 수은이 흐르도록 하라. 특히 병마용갱은 내가 살아 있을 때와 똑같이 만들도록 하라. 군대, 전차, 말, 관리, 무용수, 음악가, 곡예사들을 모두 진흙 인형으로 만들어라."

신하는 길게 한숨을 내쉬었어요.

'만리장성을 쌓다가 죽은 백성들이 얼마인데……'

만리장성은 북쪽의 흉노라는 사나운 부족을 막기 위해 쌓은 성벽이었어요. 시황제의 지시로 이 거대한 산성을 쌓다가 수많은 백성들이 목숨을 잃었지요. 그런데 지하 궁전과 병마용갱까지 만들라니 백성들이 또다시 고통에 시달릴 것은 불 보듯 뻔했어요.

"마지막으로······."

신하는 왕이 무슨 말을 할지 이제는 겁부터 났어요.

"인부들을 생매장하라."

시황제는 눈썹 하나 까딱하지 않고 말했어요.

"예?"

신하는 절망적인 심정으로 눈을 질끈 감았어요.

시황제는 자신의 무덤이 도굴당하는 것을 피하기 위해 무덤의 구조를 알고 있는 인부들까지 모조리 묻으라고 지시했어요.

"나는 죽어서도 살았을 때와 똑같은 영화를 누릴 것이다. 영원히······ 영원히······."

거대한 중국 대륙을 통일했던 진나라의 시황제는 중국 역사에 큰 획을 그은 왕이었지만, 한편으로는 욕심이 지나쳐 백성들을 고통에 빠뜨린 왕이었답니다.

시황제(기원전 259~기원전 210년) 시황제는 전국 7웅 중 6개의 나라를 차례로 무너뜨리고 최초로 중국을 통일한 진나라의 황제예요. 그는 처음 황제라는 호칭을 사용하고 나라마다 달랐던 글자를 통일했으며 길이나 무게를 재는 기준도 정비했어요. 또한 진나라의 역사책을 제외한 모든 책을 불태우게 하고 자신을 비난한 유학자들을 생매장했으며 북쪽의 흉노족을 막고자 만리장성을 쌓게 했지요.

지하 도시를 지키는 진흙 병사들

1974년, 중국 산시성의 시골 마을에서 한 농부가 우물을 파다 이상한 물건을 발견했다. 땅을 더 파 내려간 농부는 소스라치게 놀라고 말았다. 사람 모양의 무언가가 나타났기 때문이었다. 그것은 진흙으로 구운 병사 모습을 한 인형이었다.

병마용갱

병마용갱 발견

이 사실을 알게 된 고고학 발굴팀은 발굴 작업을 시작했다. 발굴팀은 땅을 파다 더욱 놀라고 말았다. 왜냐하면 이전에 농부가 발견했던 진흙 인형과 같은 8천 명의 병사들이 줄을 서 있었기 때문이다. 그런데 더욱 놀라운 것은 병사들의 표정과 머리 모양이 모두 다르다는 점이다. 병사뿐 아니라 말과 전차도 수백 대나 되었다. 땅굴 속 진흙 병사들은 언제든 명령만 떨어지면 적과 싸울 태세로 보였다.

이 굴은 진나라 시황제의 무덤을 지키기 위해 만든 것으로, 무덤으로부터 약 1.5킬로미터 지점에 위치하고 있다. 이 굴의 이름은 병마용갱이다. 병마용갱은 진흙으로 만든 병사와 말이 있는 굴이라는 뜻이다.

시황제는 만리장성과 아방궁에 이어 자신의 무덤과 병마용갱까지 만들었던 것이다. 왕의 욕심을 채우기 위해 당시 진나라 백성들이 얼마나 힘들었을지 짐작할 만하다.

5 나랏돈을 바닥낸 적자 왕비

"오늘은 어떤 옷을 입을까?"

프랑스 왕비 마리 앙투아네트의 하루가 시작되었어요. 그녀는 아침에 눈 뜨면 맨 먼저 무엇을 입을까 고민했어요.

"왕비님, 오늘은 이 옷이 어떠십니까?"

"마음에 안 들어. 다른 옷을 보여 줘!"

마리 앙투아네트는 의상 담당 시녀에게 이것도 아니다 저것도 아니다 하며 다른 옷을 가져오라고 명령했어요.

그녀는 오스트리아 여왕 마리아 테레지아의 딸로 태어나 어릴 때부터 보석과 명품에 둘러싸여 살았기 때문에 시시한 것은 딱 질색이었어요. 그녀에게는 머리 모양 또한 중요한 관심사였어요.

"폐하! 저 좀 보시어요."

화려하게 단장을 마친 마리 앙투아네트는 남편이자 프랑스 국왕인 루이 16세를 찾아갔어요.

"오, 나의 사랑스러운 왕비! 허걱!"

루이 16세는 마리 앙투아네트의 머리를 보고 깜짝 놀랐어요. 왜냐하면 마치 그녀의 머리 모양이 높은 산 위에 꾸며진 정원 같았기 때문이었어요.

　마리 앙투아네트의 머리 모양은 궁궐에서 엄청나게 유행했어요. 그녀의 영향으로 프랑스의 귀부인들은 머리 치장에 심취했어요.

　마리 앙투아네트의 의상과 머리 모양에는 어마어마한 나랏돈이 들어갔어요. 마리 앙투아네트는 왕비로서 백성들의 세금으로 살뜰하게 나라의 살림은 돌보지 않고, 오직 예쁘고 좋은 것만 가지려고 했어요.

　백성들은 사치가 심한 마리 앙투아네트를 '적자 왕비'라고 비난했어요. 왕실의 사치스러운 생활이 심해질수록 백성들은 굶주림과 무거운 세금에 시달렸어요.

　그러나 마리 앙투아네트는 백성들이 얼마나 비참하게 살고 있는지 전혀 알지 못했어요. 그러던 중 몇백 년 만에 닥친 흉년으로 밀 농사가 엉망이 되었어요. 백성들은 한 끼 먹을 빵조차 없어 굶주려야 했어요.

　그럼에도 아무런 대책을 세우지 않는 프랑스 왕실에 백성들은 분노했어요. 화가 난 백성들은 베르사유 궁전 앞에 모여 빵을 달라며 시위했어요.

"빵을 주시오. 처자식이 영양실조에 걸려 죽어 가고 있습니다."

새로 맞춘 드레스에 잔뜩 들떠 있던 왕비는 밖이 소란하자 시녀에게 물었어요.

"밖이 왜 이렇게 시끄러운 거야?"

"왕비님, 먹을 빵조차 없는 굶주린 백성들이 식량을 달라고 외치는 것이옵니다."

그러자 아무것도 모르는 왕비는 이렇게 말했어요.

"그래? 빵이 없으면 케이크를 먹으면 되잖아!"

왕비의 이 철없는 말은 백성들을 더더욱 화나게 했어요.

얼마 후, 프랑스에서는 혁명의 불길이 타올랐어요. 참지 못한 백성들이 들고 일어난 거예요.

1789년 7월 14일, 마침내 바스티유 감옥이 시민들에 의해 함락되고, 프랑스 국왕의 권력이 무너졌어요.

감옥에 갇힌 루이 16세는 결국 죽음으로 그 대가를 치러야 했고, 얼마 후 마리 앙투아네트도 왕과 운명을 같이해야 했답니다.

마리 앙투아네트(1755~1793년) 프랑스 왕 루이 16세의 아내이자 오스트리아 여왕 마리아 테레지아의 막내딸이었어요. 아름다웠던 마리 앙투아네트는 화려한 삶을 살았지만 프랑스 혁명 때 국고를 낭비한 죄와 혁명을 반대했다는 죄명으로 단두대에서 죽음을 맞았어요. 그러나 빵이 없으면 케이크를 먹으라고 했던 말은 실제로 앙투아네트가 하지 않았다는 주장이 제기돼, 학자들의 의견이 분분하답니다.

더 이상 참을 수 없다!

프랑스 한 시민의 일기

바스티유 감옥 습격

1789년 7월 14일, 아침 일찍부터 소총으로 무장한 시민들이 바스티유 감옥 앞으로 속속 모여들었다. 파리 한복판에 자리 잡고 있는 바스티유 감옥 안에는 화약과 탄환이 수북이 저장되어 있었다. 금세 무슨 일이 터질 것만 같았다.

무장한 시민들의 모자에는 밤나무 잎 무늬가 붙어 있어 서로가 동지라는 표시로 삼았다. 그들은 서로를 '시토아앵(시민 동지)'이라고 불렀다. 무장한 시민들 틈 사이로 창을 든 여자와 대포를 끄는 부인네까지 보였다. 왼쪽 귓전에서 쿵쾅거리는 심장 소리가 들려왔다. 귀족들은 파리 시민이 굶어 죽어 가는데도, 자기들끼리만 잘 살기 위해 나랏일을 제멋대로 하지 않았는가!

마침내 파리 시민들은 바스티유를 공격했다. 그 가운데로 자유와 평등, 박애를 상징하는 삼색기가 세차게 펄럭이고 있었다. 프랑스 혁명의 막이 올랐고 전투는 곧 시민들의 승리로 끝났다. 시민이 왕과 귀족에 대항하여 승리했으니 새로운 시대가 열릴 것이다. 이제 프랑스의 주인은 프랑스 시민이다.

바스티유 감옥

6 유럽을 벌벌 떨게 만든 거대한 제국

"살고 싶거든 어서 항복하라!"

몽골 제국의 명장 제베 장군이 적들을 향해 소리쳤어요. 제베 장군은 왕인 칭기즈 칸의 명령을 받아 러시아를 공격했어요.

"뭐라고? 쥐꼬리만 한 병력으로 우리를 이기겠다고?"

러시아 장군은 가소롭다는 듯 칭기즈 칸의 부대를 쳐다본 후 돌격 명령을 내렸어요.

"몽골군을 쳐라!"

몽골군보다 네 배가 넘는 병력의 러시아군은 긴 창을 휘두르며 돌진했어요. 몽골군은 러시아군과 맞서 싸우는 듯하더니 이내 달아나기 시작했어요. 몽골군은 러시아군과 추격전을 벌이며 일주일을 보냈어요.

러시아 장군은 콧방귀를 뀌며 기고만장하게 말했어요.

"그토록 대단하다던 몽골군이 이런 종이호랑이였다니. 지옥의 사자라는 별명이 아주 무색하군!"

그때 제베 장군이 기다렸다는 듯 소리쳤어요.

"모두 멈추어라. 반격할 때가 왔다!"

장군의 명령에 몽골군은 일제히 새 말로 갈아탔어요. 말을 바꿔 탄 기마대는 활을 쏘며 러시아군 대열을 휘저었어요.

기세등등하던 러시아군은 눈 깜짝할 사이에 엉망이 되었어요. 러시아군이 전열을 가다듬고 반격하려고 하자, 이번엔 긴 창과 도끼를 든 기마대가 돌격해 왔어요. 몽골군은 쉴 틈 없이 몰아치는 지옥의 사자 같았어요.

결국 러시아군은 그 자리에서 무너져 내렸어요. 절망한 러시아 장군은 넋이 나간 사람처럼 땅바닥에 주저앉고 말았어요.

"이럴 수가! 우리가 방심했구나."

몽골군이 휘두르는 창칼에 맥없이 쓰러진 러시아군은 마침내 항복했어요.

제베 장군은 생포한 러시아의 왕자 마티슬라프에게 말했어요.

"왕족의 피를 땅에 흘리게 할 수는 없으니, 피 한 방울 흐르지 않게 죽여 주겠다."

제베 장군의 말을 들은 러시아 장군들의 얼굴이 흙빛으로 변했어요. 제베 장군은 러시아 장군들을 땅바닥에 눕히고 그 위에 널찍한 판자들을 올려놓도록 지시했어요.

"이제 판자 위에 잔칫상을 차려 놓아라."

그러자 몽골의 병사들이 판자 위에 올라갔어요. 그러고는 마구 뛰어다녔어요. 그 밑에서는 깔려 죽어 가는 러시아 장군들의 신음이 끊임없이 흘러나왔답니다.

몽골 제국 13세기 초 칭기즈 칸이 세운 나라로, 몽골 민족이 지배하던 제국을 말해요. 아시아와 유럽 대륙을 호령했던 몽골 제국은 쿠빌라이 칸(세조) 때 북경으로 도읍을 옮기고 국호를 원(元)으로 고쳐 전성기를 이루었어요. 그러다 14세기 말 명나라에 쫓겨 무너지면서 제국도 분열했지요. 몽골 제국의 건국자 칭기즈 칸은 몽골의 여러 부족을 통일하고 우수한 인재들로 구성한 군대를 이끌어 성공한 지도자로 평가받고 있답니다.

정복왕 칭기즈 칸을 만나다

기자 안녕하세요? 칭기즈 칸 님, 그런데 칸(khan)이 무슨 뜻인가요?

칭기즈 칸 대한민국 학생들에게 친숙한 '짱' 같은 거라고 할 수 있소. 몽골에서는 왕을 '가한'이라고 부르는데, 그것이 다시 '칸'이라고 불리게 되었소.

칭기즈 칸 동상

기자 아, 그렇군요. 칭기즈 칸 님이 이끌었던 몽골군이 유럽에서는 '지옥'이란 뜻의 '타르타루스'라고 불렀어요. 그 사실은 알고 계시나요?

칭기즈 칸 하하하! 그렇소? 유럽 사람들에게는 몽골군이 지옥의 사자 같았겠지만 나에게는 몽골을 큰 나라로 만들어 준 든든한 군사들이었소.

기자 그렇다면 몽골군이 불과 20여 년 만에 아시아와 유럽에 걸친 대제국을 만들 수 있었던 이유는 무엇인가요? 몽골군이 싸움을 잘했던 비결이 따로 있나요?

칭기즈 칸 몽골 사람들은 어려서부터 말을 타오. 말을 타고 달리다가 땅을 짚고 다시 올라타기도 하고, 매달린 채로 물구나무를 서기도 한다오. 그야말로 말과 사람이 하나가 되어 적을 무찌르지. 말 위에서는 어떠한 무기라도 자유자재로 사용할 수가 있었다오.

기자 몽골군의 용맹함엔 이유가 있었군요. 지금까지 몽골 제국의 건국자이자 제1대 왕인 칭기즈 칸 님을 만나 봤습니다.

7 예술을 사랑해 배우가 된 황제

"황제 폐하, 드디어 내일이 연극 무대에 오르시기로 하신 날입니다."
로마의 네로 황제에게 신하가 말했어요.
"벌써 그렇게 되었나?"
네로 황제의 표정에서 흥분과 긴장감이 번갈아 비쳤어요.
"드디어 나의 천재적인 예술성을 보여 줄 기회가 왔구나!"
네로 황제는 자신을 위대한 예술가라고 생각했어요.
다음 날, 네로 황제는 무대 뒤에서 관중석을 바라보았어요.
"귀족들과 부인들은 모두 참석하였는가?"
네로 황제는 계속 관중석을 바라보며 신하에게 물었어요.
"빠짐없이 모두 참석했습니다."
네로 황제는 흐뭇한 표정으로 무대에 올라 환상적인 연기를 펼쳤어요.

당시는 연극배우들을 천하게 여기던 시절이었어요. 그런데 한 나라의 가장 높은 신분인 황제가 공연을 하다니. 그건 굉장히 큰 사건이었어요.
"쯧쯧쯧, 황제가 광대들이나 하는 짓을 하다니!"
무대 위에 오른 황제를 보고 귀족 한 명이 말했어요.

"그러게 말입니다. 게다가 공연을 할 때마다 우리도 자리를 채워 앉아 있어야 하니, 나랏일은 대체 언제 합니까?"

관객들은 혀를 끌끌 차며 네로 황제의 공연을 지켜봤어요.

네로 황제가 공연을 할 때는 아무도 공연장을 나갈 수 없었어요. 그랬다가는 무서운 벌을 받아야만 했지요.

"요즘 유행하는 공연장 빠져나가기 기술에 대해 들어 보았나?"

황제의 공연을 지루해하던 귀족 한 명이 귀가 솔깃해지는 말을 했어요.

"그런 기술도 있나? 제발 나에게도 알려 주게!"

옆에 있던 친구가 말했어요.

"금방 죽을 것처럼 숨을 할딱거리며 쓰러지는 척하는 거라네. 얼마 전 관객 하나가 연일 계속되는 공연에 지루해하다 꾀를 내었던 게지."

"아니, 그래서 어떻게 되었는가?"

뜻밖의 이야기를 듣게 된 친구는 궁금해서 참을 수가 없었어요.

"들것에 실려 장례식장으로 옮겨 갔다네. 그 뒤로는 말하지 않아도 알겠지?"

"황제보다 훨씬 훌륭한 연기력을 보여 주었구먼!"

친구는 입을 가리며 애써 웃음을 참았어요.

네로 황제는 점점 더 자신의 연기에 깊이 빠져들고 있었어요.

"으으윽!"

그때 관객석에서 신음이 들렸어요.

"아니, 이게 무슨 소리인가?"

관객들은 소리가 나는 곳을 쳐다보았어요. 어떤 부인이 자리에서 쓰러져 신음을 하고 있던 거였어요. 부인의 배가 농구공처럼 불러 있었어요.

"산파를 불러 주세요. 어서!"

하지만 결국 부인은 공연장에서 아이를 낳아야 했답니다.

이처럼 네로 황제는 연극이나 서커스를 나랏일보다 더 중요하게 여겼어요. 네로 황제는 그리스에서 개최하는 성악 경연회에 참석하느라 일 년 동안 자리를 비우기도 했어요. 그는 정치보다 예술에 더 관심이 많아 어떤 해에는 80일 동안 축제를 벌이기도 했어요.

결국 정치를 어지럽혔던 네로 황제는 신하들에 의해 쫓겨나게 되었고 자살로 비극적인 최후를 맞았어요. 그는 마지막 순간에도 '위대한 예술가가 죽게 되었구나!' 라고 말했답니다.

네로(37~68년) 로마 제국의 다섯 번째 황제 네로는 어머니와 부인, 의붓동생을 살해한 정신 이상자 혹은 폭군으로 알려져 있어요. 64년 로마에 대화재가 일어났을 때 그 책임을 기독교도들에게 뒤집어씌우기도 했지요. 그는 이렇게 정치는 문란했지만 문화와 예술은 크게 발전시켰어요. 네로는 자신을 예술가로 생각해 시, 노래, 건축 등을 아낌없이 지원했답니다.

국가의 적이 된 황제

역사상에는 국민과 적이 된 왕들이 있어요. 네로 황제도 그중 한 사람이지요.

흔히 네로 황제를 정신 이상자나 폭군으로 생각하는데, 집권 초기에는 그도 검투 경기와 사형을 금지시키는 너그러운 일을 했어요. 또한 노예들이 재판을 받을 수 있도록 했지요. 네로 시대에 만든 화려한 건축물도 많이 있고요.

그럼에도 불구하고 네로 황제에 대한 평가가 좋지 못한 데는 그만한 이유가 있어요. 로마 역사상 최악의 화재가 발생했을 때 네로는 수도를 떠나 사치스러운 파티를 벌이고 있었지요. 상황 파악을 제대로 하지 못한 네로가 불타 버린 도시 위에 자신의 궁전을 짓겠다고 하자 로마 사람들은 분노했어요. 로마 사람들은 네로를 왕의 자리에서 쫓아내려 했고, 네로는 화재의 죄를 기독교도들에게 뒤집어씌웠답니다. 결국 로마 사람들은 네로의 거짓말을 믿고 기독교도들을 박해했어요. 그러나 결국 네로의 잘못된 정치에 항의하는 반란이 각지에서 일어났고, 원로원은 네로를 '국가의 적'으로 선고했답니다.

참새친구 네로는 폭력적인 검투사 경기를 금지하고 연극이나 음악을 즐겼던 수금(하프) 연주자였대요.

학다리 인정합니다. 하지만 네로는 권력을 독점하려고 자신의 어머니와 첫째 부인, 의붓동생을 살해하기도 했어요.

스파게티 네로 황제의 그런 욕심이 자기 자신까지도 무너뜨린 것 같아요.

8 총 맞고도 연설한 대통령

"각하! 연설하실 시간이 다 됐습니다."

미국 대통령 후보자였던 시어도어 루스벨트의 보좌관이 말했어요.

"어, 그래! 벌써 그렇게 됐나?"

루스벨트는 왼쪽 눈을 치켜뜨며 말했어요. 당시 루스벨트는 두 번의 대통령직을 수행하고 세 번째로 대통령 선거에 도전장을 내민 상태였어요.

호텔에서 식사 중이던 루스벨트와 측근들은 유세 연설을 위해 자리에서 일어났어요. 루스벨트가 호텔을 나서자 많은 군중들이 후보자를 보기 위해 서 있었어요.

루스벨트를 본 군중들은 환호했어요. 유세차에 올라탄 루스벨트는 손을 흔들며 답례했어요.

"고맙습니다."

그때 갑자기 한 괴한이 유세차 앞으로 불쑥 튀어나왔어요. 괴한의 손

에는 권총이 들려 있었어요.

탕!

괴한은 루스벨트의 가슴에 총을 쏘았어요.

"윽!"

루스벨트의 가슴팍에 총탄이 박혔어요. 루스벨트는 갈비뼈가 부러진 듯했지만 휘청거리며 가까스로 서 있었어요. 보좌관이 황급히 뛰어와 루스벨트에게 물었어요.

"각하! 괜찮으십니까? 일단 병원으로 모시겠습니다."

루스벨트는 침착하고 조심스럽게 자신의 상태를 파악했어요. 기침을 해 보았지만 다행히 입에서는 피가 나오지 않았어요. 몸속의 다른 장기들은 문제가 없어 보였어요.

"보좌관, 난 괜찮으니 연설 장소로 가세!"

"하지만 각하! 지금 몸 상태로 연설은 불가능합니다."

보좌관의 말에 루스벨트는 꿈쩍도 하지 않았어요.

"내 몸 상태는 내가 더 잘 아네. 어서 가세!"

보좌관도 더 이상 루스벨트의 명령을 거역할 수 없었어요.

연설 장소에 도착한 루스벨트는 두툼한 연설 원고를 양복 안주머니에서 꺼내 들었어요. 그런데 반으로 접어 두었던 원고 뭉치에 총알구멍이 나 있었어요. 루스벨트의 목숨을 구한 것은 바로 원고 뭉치였던 거예요.

"연설문이 날 살렸군!"

루스벨트는 원고를 높이 들고 외쳤어요.

"고작 총알 하나로 날 죽이려고 하다니! 나는 죽는 한이 있더라도 오늘 연설을 끝내고야 말 겁니다."

총에 맞고도 연설을 하겠다는 루스벨트의 모습은 영웅 그 자체였어요. 연설 장소에 모인 수많은 사람들이 감동하며 박수를 쳤어요. 기자들은 연신 카메라 셔터를 눌러 댔지요.

루스벨트는 연설 중에 몇 번을 비틀거리며 쓰러질 뻔했어요. 하지만 다행히도 루스벨트는 준비했던 연설을 모두 마치고 병원으로 향했어요.

"총알이 1밀리미터만 더 옆으로 지나갔더라면 폐와 만날 뻔했습니다. 정말 간발의 차로 생명을 지킬 수 있게 되었습니다."

루스벨트는 안도의 한숨을 쉬었어요. 하지만 평생 총알을 몸에 지닌 채 살게 되었어요. 이미 시간이 지나 총알을 빼내는 것이 더 위험하다는 판단에서였지요.

총격을 당한 루스벨트는 선거를 포기할 수밖에 없었어요. 그래서 그의 세 번째 대통령 당선은 물거품이 되었답니다.

🐤 **시어도어 루스벨트**(1858~1919년) 루스벨트는 미국의 스물여섯 번째 대통령으로, 스페인과의 전쟁 때 큰 공을 세운 미국의 영웅이었어요. 그 뒤 부통령이 되었다가 맥킨리 대통령이 암살당하자 대통령에 취임했지요. 대통령에 재선되고 나서는 포츠머스 조약을 주선하여 러일전쟁 후의 러시아와 일본을 화해시켰어요. 그 공로로 1906년에 노벨평화상을 받았답니다.

곰 인형을 왜 테디베어라고 부를까?

탐험과 도전의 진기록

1 1 대 100으로 싸운 전쟁의 달인들

"우리는 위대한 스파르타인이다. 뼈가 으스러질 때까지 싸우되, 싸움을 즐겨라!"

기원전 480년, 스파르타의 왕 레오니다스가 병사들을 향해 비장하게 말했어요.

페르시아 군대와의 싸움을 앞두고 레오니다스 왕과 병사들은 채비를 갖추었어요. 그리고 테르모필레라는 좁은 계곡에서 페르시아 군대를 막기로 했어요. 산과 바다 사이의 좁은 길목인 테르모필레가 뚫리면 그리스 중부 지방은 페르시아의 손에 넘어갈 것이 분명했어요.

이때 페르시아 진영에서 백기를 든 사신이 다가왔어요.

"우리 위대하고 자애로우신 황제께서 보잘것없는 너희 스파르타 군대에게 항복할 수 있는 기회를 주셨다."

페르시아의 사신은 매우 거만한 표정으로 스파르타 군대에게 항복할 것을 요구했어요.

당시 페르시아 군대는 십오만 명 정도였는데 스파르타 군대는 그에 백 분의 일도 안 되는 숫자였어요. 비율로 따지면 1 대 100의 싸움이었던 거예요.

"그러니 목숨이 두 개가 아닌 이상 항복하는 것이……."

슈웅!

이때 갑자기 날아든 창이 페르시아 사신의 얼굴을 스쳐 지나갔어요.

페르시아 사신은 깜짝 놀라 거친 숨을 몰아쉬며 소리쳤지요.

"이놈들이!"

페르시아 사신이 붉으락푸르락해진 얼굴로 돌아가자 긴장한 스파르타 병사가 물었어요.

"곧 페르시아 군대가 들이닥치겠지요?"

"겁나냐? 스파르타인이여!"

레오니다스 왕은 여유 만만한 표정으로 외쳤어요.

"놈들이 옵니다."

저 멀리서 먼지를 일으키며 페르시아 군대가 몰려오고 있었어요.

"스파르타 용사여, 우리가 이곳을 막아야 그리스 연합군에게 시간을 벌어 줄 수 있다. 스파르타인 전사는 적이 몇 명이냐고 묻지 않는다. 적이 어디 있냐고 물을 뿐! 그리고 적은 바로 우리 앞에 있다."

스파르타 군대는 엄청난 숫자의 페르시아 군대와 치열하게 싸웠어요. 거대한 페르시아 군대는 견고한 성을 쌓고 방어하는 스파르타 군대를 무너뜨릴 수 없었어요.

페르시아의 왕 크세르크세스는 그리스 첩자로부터 계곡을 돌아서 가는 길을 알게 됐어요. 그리하여 스파르타 군대 뒤로 페르시아 병사들을 보냈어요. 상황이 불리해진 레오니다스 왕은 창이 꺾이고 칼이 부러질 때까지 싸웠지만 결국 전사하고 말았어요.

목숨을 걸고 싸우다 전사한 레오니다스와 스파르타 병사들은 영웅으로 칭송받게 되었어요. 테르모필레에는 전사한 스파르타 군대를 기리는 비석이 세워졌어요. 비석에는 '여행자여, 가면서 전하라. 우리는 조국의 명을 받들어 여기에 잠들었노라' 라고 쓰여 있답니다.

스파르타 고대 그리스의 도시 국가였던 스파르타는 시민들에게 혹독한 군사 훈련을 시켰어요. 자신들이 다스리는 이민족의 수가 고유 민족 수보다 열 배 이상이나 많았기 때문에 스스로 강해져야만 했지요. 강한 군인을 낳고 길러야 하는 여성에게도 남자와 같은 강인함을 요구했어요. 스파르타의 어머니들은 자녀들에게 "전쟁에 승리하여 걸어오든지 아니면 전사하여 실려 오너라"라고 말할 정도였답니다.

스파르타 용사는 얼마나 되는가?

페르시아의 왕 크세르크세스의 일기

월 일 요일

전투에 앞서 스파르타군의 움직임을 살피기 위해 정찰병을 보냈다. 정찰병의 보고에 의하면 스파르타 병사들은 의외로 차분했고 체조하는 병사가 있는가 하면 머리에 빗질하는 병사도 있었다고 한다. 나는 이런 병사들이 생사를 건 싸움에 나섰다는 것이 믿기지 않았다.

나는 페르시아 최고의 정예 부대를 보냈다. 그러나 소용없는 일이었다. 스파르타군은 페르시아군을 테르모필레의 좁은 골짜기로 끌어들여 맹렬히 싸웠다. 수많은 페르시아군이 목숨을 잃었다.

그때 그리스를 배반한 에피알테스가 테르모필레 골짜기의 뒤로 돌아가는 길을 알려 준 것은 정말 다행스러운 일이었다. 페르시아군은 그 길로 가서 스파르타군의 뒤를 공격해 모조리 죽였다.

전투가 끝난 후, 나는 한 스파르타 병사의 이야기를 듣게 되었다. 그는 숱하게 쏟아지는 화살이 태양을 가리자 "땡볕에서 싸우지 않고 그늘에서 싸우니까 좋군!"이라고 말했다고 한다. 우리가 싸움에서 이기긴 했지만 스파르타 병사들은 정말 대단하다는 것을 다시 한번 느꼈다. 이런 스파르타 용사가 도대체 얼마나 더 있는 것일까? 다시는 상대하고 싶지 않은 자들이다.

테르모필레 전투의 레오니다스

2 우주 미아가 될 뻔한 용사들

1970년 4월 11일 1시 13분!

1970년 4월 11일에 미국에서 발사된 아폴로 13호는 세 번째로 달에 착륙할 예정이었어요. 아폴로 13호 안에는 선장 짐 러벨과 사령선 조종사 잭 스위거트, 그리고 착륙선 조종사 프레드 헤이스가 있었지요. 그들은 모두 달에 착륙할 기대감에 부풀어 있었어요.

콰콰쾅!

갑자기 사령선에서 폭발음과 함께 선체가 흔들렸어요. 몹시 놀란 조종사가 선체를 살피며 말했어요.

"선장님, 큰일 났습니다. 산소가 떨어지고 있습니다."

산소의 양을 알려 주는 계기판의 수치가 줄어들고 있었어요. 산소 탱크가 있는 부분에서는 연기가 솟아났어요. 지구로부터 32만 킬로미터 떨어진 곳에 있는 아폴로 13호의 승무원들은 눈앞이 캄캄해졌어요.

짐 러벨 선장은 지구에 있는 본부와 교신을 시도했어요.

"본부! 문제가 생겼다. 산소 탱크가 폭발해 15분이 지나면 산소

발사!

가 떨어질 것 같다."

잠시 후, 본부에서 답신이 왔어요.

"아폴로 13호, 모두 달 착륙선으로 피난하라. 착륙선에는 지구로 귀환할 때 사용할 열 시간 분량의 산소가 있다."

메시지를 받은 아폴로 13호는 달 착륙선과의 합체를 시도했어요. '도킹'이라고 불리는 이 작업은 매우 위험하고도 어려운 작업이었어요.

드르르륵. 철컹!

소름끼치는 금속 마찰 소리가 들리더니 마침내 도킹에 성공했음을 알리는 장치가 작동했어요. 모두 긴 안도의 한숨을 내쉬었어요. 이제 착륙선은 달이 아닌 지구로 무사히 가기 위한 우주선 역할을 하게 되었지요.

착륙선으로 갈아탄 승무원들은 신선한 공기를 마실 수 있게 되었어요. 하지만 잠시 후 승무원들의 숨이 점점 가빠 오기 시작했어요.

"선장님, 산소는 충분한데, 왜 숨이 차오르는 거죠?"

"이산화탄소 때문인 것 같아."

이번에는 사람이 숨을 내쉴 때 생기는 이산화탄소를 제거해 주는 장치가 문제였던 거예요. 이산화탄소가 계속 늘어나면 뇌에 산소가 공급되지 못해 죽을 수도 있었어요. 승무원들은 착륙선 안에서 구할 수 있는 부품들을 가지고 이산화탄소를 제거할 방법을 찾았어요.

승무원들은 착륙선 안에 있는 골판지와 비닐 봉투, 테이프 등 각종

재료를 구해 장치를 완성했어요. 이산화탄소가 걸러지자 선원들의 정신이 맑아지기 시작했어요.

모든 문제를 슬기롭게 해결한 아폴로 13호는 달의 끌어당기는 힘을 이용해 달 궤도를 무사히 돌았어요. 그리고 엔진을 작동시켜 지구로 방향을 고정시켰지요. 선장은 마지막으로 본부와 교신을 했어요.

"본부, 이제 지구의 대기권으로 들어가겠다."

"행운을 빈다, 아폴로 13호."

대기권에 들어가면 엄청난 공기의 저항 때문에 우주선의 온도가 급상승해요. 그 열을 버티지 못하면 아폴로 13호는 흔적도 없이 사라질 수 있었어요. 그래서 아무도 아폴로 13호가 무사히 돌아오리라고 확신할 수 없었지요. 모두가 숨을 죽인 채 아폴로 13호로부터 다시 연락이 오기를 기다렸어요.

"다시 만나서 반갑다."

얼마 후 선장 짐 러벨의 목소리가 무전기에서 흘러나오자, 본부 직원과 전 국민들이 감격하며 환호했어요. 하마터면 우주의 미아가 될 뻔했던 아폴로 13호의 승무원들은 천신만고 끝에 지구로 돌아올 수 있었답니다.

아폴로 13호 아폴로 13호는 1970년 4월 11일 13시 13분에 발사되었어요. 미국이 세운 아폴로 계획에서 세 번째로 달에 착륙할 예정이었지만 고장으로 인해 달의 주변을 돌기만 했고, 4월 17일 무사히 지구로 귀환했어요. 미국항공우주국(NASA)은 악조건 속에서도 승무원 전원이 무사히 돌아온 아폴로 13호를 '성공적인 실패'라고 불렀어요. 아폴로 13호는 달을 최고 고도에서 돈 최초의 우주 비행선으로 기네스북에 올랐답니다.

인류는 어떻게 달에 갈 수 있었을까?

3 동양을 넘나든 이탈리아 상인

"마르코 폴로, 중국에 가 보지 않겠니?"
마르코 폴로는 아버지인 니콜로 폴로의 말에 고개를 끄덕였어요. 1271년, 마르코 폴로는 이탈리아 베네치아의 상인이었던 아버지와 삼촌을 따라 중국으로 여행을 떠났어요. 그때 마르코 폴로의 나이는 열일곱 살이었어요. 이전에 마르코 폴로의 아버지와 삼촌은 몽골 제국을 다녀왔지만 마르코 폴로는 처음이었어요.
마르코 폴로는 중국으로 가는 긴 여행길에서 많은 나라와 사람들을 보았어요. 그리고 마침내 몽골 제국의 다섯 번

째 칸(황제)이자 원나라의 시조인 쿠빌라이 칸의 궁전에 도착했어요. 마르코 폴로는 쿠빌라이 칸의 궁궐 앞에서 입을 다물지 못했어요.

"오랜만이오. 그간 잘 지내었소?"

쿠빌라이 칸은 지난날 방문했던 아버지와 삼촌을 알아보았어요.

"그렇사옵니다, 황제 폐하!"

이후 마르코 폴로는 원나라에 머물기로 했어요. 쿠빌라이 칸의 사랑을 받게 된 마르코 폴로는 궁전에서 일하면서 원나라의 수준 높은 문화를 경험할 수 있었지요. 그중에서도 마르코 폴로가 가장 놀란 것은 원나라의 지폐였어요.

"종이로 만든 돈이 금과 은을 대신하네! 이 종이로 무엇이든 살 수 있으니 얼마나 편리한가!"

당시 서양에서는 물건을 구입할 때 은화를 이용하거나 물건끼리 교환하는 방법으로 거래를 했어요. 그러니 원나라의 지폐는 마르코 폴로에게 생소하고도 신기했지요.

또 한 가지 마르코 폴로를 놀라게 한 것이 있었어요.

그건 바로 불을 뗄 수 있는 석탄이었어요. 석탄은 나무보다 부피도 적고 화력이 강해 마치 마법의 돌 같았어요.

또한 마르코 폴로는 몽골 제국 때부터 이어온 원나라의 역참 제도에 깊은 인상을 받았어요. 원나라 사람들은 곳곳의 길목에 배치된 말을 바꿔 타면서 이동하는 역참을 이용해 소식을 전했어요.

원나라에 온 지도 꽤 됐네.

"소식을 전하는 사람이 역참에 접근하면 나팔 소리가 나는군. 그때 역참에서 일하는 관리인이 미리 준비해 놓은 말을 가져오고. 그러면 소식을 전하는 사람은 기운이 넘치는 새 말로 갈아타고 다음 역참까지 내달리니, 참 편리한걸."

폴로 일행은 17년간의 긴 원나라 여행을 마치고 베네치아로 돌아왔어요. 그런데 안타깝게도 베네치아는 얼마 후 전쟁에 휩싸였어요.

전쟁 포로가 된 마르코 폴로는 감옥 안에서 한 작가에게 자신의 여행기를 들려주었고, 그것을 받아 적은 것이 책으로 만들어졌어요. 그 책은 『동방견문록』이라는 이름으로 널리 알려졌답니다.

마르코 폴로(1254~1324년) 마르코 폴로는 중국 각지를 여행한 이탈리아 베네치아의 상인이에요. 그는 원나라에서 쿠빌라이 칸의 신하가 되어 17년간 머물며 새로운 문물을 접했지요. 마르코 폴로는 교황과 영국, 프랑스 국왕에게 보내는 쿠빌라이 칸의 편지를 가지고 고향으로 돌아왔어요. 그러다 전쟁 포로가 된 그는 감옥에서 이야기 작가를 만나 『동방견문록』이라는 여행기를 만들게 되었답니다.

유럽 최고의 베스트셀러

감옥에서 적은 『동방견문록』

24년간 아시아를 여행한 마르코 폴로가 모험담을 잔뜩 가지고 베네치아로 돌아왔다. 3년 뒤, 마르코 폴로는 베네치아와 제노바 사이의 전쟁으로 인해 제노바의 감옥에 갇히게 되었다. 그는 감옥에서 작가인 루스티첼로의 재촉으로 자신이 겪은 모험담을 이야기했다. 그 모험담을 기록한 『동방견문록』은 곧 베스트셀러가 되었다.

마르코 폴로는 정말 중국에 다녀왔는가?

그런데 어떤 이들은 마르코 폴로가 정말 중국을 여행했는지 의심스러워한다. 훗날 중국의 어떤 자료에도 마르코 폴로에 대한 기록이 없고 중국의 풍습 중 중요한 몇 가지에 대한 언급도 없기 때문이다.

이러한 점 때문에 몇몇 학자들은 마르코 폴로가 중국을 오가는 아랍 상인들에게 정보를 듣고 책을 쓴 거라고 주장한다. 어쨌든 이 책이 중세 유럽 사람들에게 엄청난 영향력을 미쳤다는 사실만은 틀림없다.

『동방견문록』 인기 폭발

마르코 폴로의 기록은 동방에 대해 알 수 있는 중요한 통로 역할을 했다. 특히 중국을 비롯한 동방 여러 나라들의 풍요로운 모습은 유럽 사람들의 호기심과 모험심을 자극하기에 충분했다. 1492년, 크리스토퍼 콜럼버스가 『동방견문록』의 내용을 기초로 하여 일본을 향해 목적지로 삼은 것은 결코 우연이 아니었다.

『동방견문록』의 내지

다른 나라도 내 나라처럼 지키다

"목숨을 걸고 교황님을 안전한 곳으로 모셔야 한다. 알겠나?"
"예!"

1527년, 창을 든 스위스 용병들의 목소리가 성당 안에 쩌렁쩌렁 울렸어요.

용병들은 스페인의 국왕이자 신성로마제국의 황제인 카를 5세의 군대에 맞서 교황과 추기경들을 안전한 곳으로 대피시켜야만 했어요. 카를 5세의 군대가 로마를 약탈하고 교황이 살고 있는 바티칸까지 공격하려 했기 때문이지요.

용병 대장이 두 손에 불끈 힘을 주며 외쳤어요.

"우리는 용감하다. 우리의 후손들이 우리를 기억할 것이다. 그리고 유럽의 많은 나라들이 스위스 용병의 용맹함에 놀라게 될 것이다."

오늘날과 달리 예전의 스위스는 농사지을 땅도 없는 척박한 나라였어요. 그래서 스위스 국민들은 가난했고 다른 나라의 병사로 가서 돈을 버는 용병이 되어서라도 가족들을 먹여 살려야만 했지요.

바티칸을 향하던 카를 5세의 군사 중 한 사람이 말했어요.

"혹시 교황을 지키는 저 스위스 용병들에 관한 소문을 들었나?"

"무슨 소문 말인가? 스위스가 워낙 가난해서 남자들이 용병으로 나가야만 가족이 굶지 않고 생활할 수 있다는 것?"

"그렇기 때문에 생긴 안타까운 사연이 있다는구먼."

"무슨 사연이기에?"

"스위스의 한 가정에서 아버지와 아들이 각각 다른 나라의 용병으로 들어갔대. 그런데 하늘도 무심하시지. 그 둘이 전쟁터에서 적으로 마주치게 된 거야."

주변에 있던 병사들도 이야기가 흥미로웠는지 이야기하는 병사 주위로 모여들기 시작했어요.

"두 사람은 부자지간이었지만 다른 가족들과 가난한 조국 스위스의 미래를 위해 끝까지 싸웠대."

"이보게, 용병이 돈 때문에 싸우는 거지, 무슨 조국의 미래까지 걸고 넘어지나? 또 두 사람 사이에 부자지간의 정이 별로 없었던 것 아닌가?"

이야기를 듣던 병사 한 명이 반문을 했어요.

"이 사람아, 생각해 보게. 그들은 용기 있는 결정을 한 거네. 용병이 사사로운 감정에 얽매여 싸우지 않는다면 어떤 바보가 그 나라 용병을 쓰겠나! 그러니까 두 부자는 후손들까지 생각해서 목숨 걸고 싸운 거란 말일세. 그래야 후손들도 용병으로 뽑혀서 먹고살 거 아닌가!"

스위스 용병들은 가족과 조국을 위해 싸웠고 189명의 용병 중 147명이 전사하고 말았어요. 이러한 스위스 용병들 덕분에 교황과 추기경들은 안전한 곳으로 대피할 수 있었어요.

교황청은 스위스 용병의 희생과 용기에 보답하고자 500년이 지난 오늘날까지도 스위스 용병들에게 교황과 교황청을 지키는 일을 부탁하고 있답니다.

스위스 용병 스위스 용병은 유럽에서 가장 사랑받는 군인이에요. 프랑스 혁명 당시에도 루이 16세의 궁전을 끝까지 지키다가 결국 700여 명의 용병이 전사했지요. 그 후 프랑스 정부는 스위스 용병의 충성을 기리기 위해 스위스에 '빈사의 사자'라는 조각상을 세웠어요. 자연석을 쪼아서 조각한 이 조각상은 스위스 용병을 상징하는데, 사자의 발아래에는 프랑스와 스위스를 상징하는 방패가 조각되어 있답니다.

 스위스 근위대가 지키는 세계에서 가장 작은 나라

세계에서 가장 작은 나라는 어디일까요? 바로 바티칸 시국입니다.

바티칸 시국은 이탈리아의 수도인 로마 북서쪽에 있는 도시 국가예요. 총 면적이 0.44제곱킬로미터로 서울 상암월드컵 경기장 두 개를 이어 놓은 정도밖에 안 된답니다.

성 베드로 성당

바티칸 시국 안에는 전 세계 가톨릭교회를 지도하는 최고 통치 기관인 교황청이 있어요. 성 베드로 성당과 광장은 바티칸 시국 영토의 대부분을 차지하지요.

바티칸 시국에는 100여 명의 스위스 근위대가 경비를 서고 있어요. 1505년, 교황 율리우스 2세는 주변 나라들에게 경비 병력 200명을 지원해 달라고 요청했어요. 이에 150명의 스위스 용병이 로마에 도착한 것을 계기로 지금까지 교황의 경호 임무를 맡게 된 거지요.

> 🌙 **꿈꾸는달님** 인구가 800여 명이라죠? 전 국민이 거의 아는 사이겠어요.
> 👦 **장나라** 다른 나라 군사가 지키는 나라라니. 굉장히 특이하네요. 이 나라에 가 보고 싶다!
> 🐷 **말숙공주** 바티칸 시국에 가면 멋진 스위스 근위대도 볼 수 있는 거예요? 우아!

5 한 시대를 변화시킨 사나이

번쩍! 펑펑!

번개가 떨어진 곳의 바로 옆에 한 젊은이가 쓰러져 있었어요. 젊은이는 엄청난 공포로 인해 몸이 마치 나무토막처럼 뻣뻣하게 마비되었어요. 번개가 떨어진 땅에서는 김이 모락모락 솟아나고 있었어요.

젊은이는 땅에 엎드린 채 하늘을 쳐다보며 이렇게 말했어요.

"하나님, 저는 수도사가 되겠습니다."

그는 바로 마틴 루터였어요. 루터는 벼락이 바로 옆에 떨어지는 경험을 계기로 가톨릭 사제가 되었어요. 자신이 벼락에 맞지 않은 이유가 신께서 자신에게 어떤 임무를 맡기기 위해서라고 생각했던 거예요.

신학을 공부하던 루터는 당시의 교황과 가톨릭교회가 잘못된 방향으로 나아간다고 생각했어요. 교회가 앞장서서 사람들에게 면죄부라는 것을 판매했기 때문이었어요.

당시 많은 사람들이 자신의 죄를 용서받기 위해 교황청에서 돈을 주고 면죄부를 샀어요. 면죄부란 죄를 용서해 주는 티켓 같은 거였어요.

교황청은 면죄부 판매로 큰 이득을 얻게 되었어요.

'돈을 내고 면죄부를 사면 그 죄가 사라진다? 아무리 성경을 읽어 보아도 그런 내용은 어디에도 나오지 않아!'

루터는 면죄부 판매가 잘못된 것이라고 생각했어요.

'그럼 돈이 없는 가난한 사람들은 지옥에 떨어져야 한단 말인가? 반대로 돈 많은 부자들은 아무리 죄를 짓더라도 천국에 갈 수 있다는 거야? 나는 면죄부 판매가 잘못되었다는 것을 온 세상에 알릴 거야.'

펜을 든 루터는 종이 위에 교황과 가톨릭교회에 대한 비판의 글을 적기 시작했어요.

루터의 동료가 잔뜩 걱정스러운 표정으로 말했어요.

"이보게, 루터. 자네, 정말로 이 글을 공개할 건가? 나도 자네의 뜻에는 동의하네만……. 이 글이 만천하에 공개된다면 교황과 가톨릭교회를 상대로 외롭고 긴 싸움을 해야 할 걸세!"

그러나 루터는 흔들리지 않았어요.

다음 날, 루터는 학교 안 교회당 정문 앞에 자신이 작성한 〈95개조 반박문〉을 붙였어요. 얼마 지나지 않아 신학생들과 교수, 사제들이 몰려들었어요.

"루터 교수님은 생각보다 용감하신 분이야. 내가 하고 싶었던 말이 바로 저거였다고!"

"도대체 루터는 제정신인가? 미치지 않고서야 어떻게 저런 글을 쓸 수가……"

반박문을 읽은 사람들 중에는 루터를 따르는 사람들도 있었지만 대부분의 사람들은 루터를 비판했어요. 교황은 루터가 주장을 거두어들이지 않는다면 가톨릭교회에서 내쫓아 버리겠다고 협박했지요.

하지만 루터는 교황의 명령을 따르지 않았고 결국 교회에서 쫓겨나는 신세가 되고 말았어요. 쫓겨난 루터는 자신을 따르던 한 귀족의 성에 머무르게 되었어요. 그곳에서 루터는 어려운 라틴어 성경을 독일어로 옮겨 더 많은 사람들이 쉽게 성경을 읽을 수 있도록 했답니다.

마틴 루터(1483~1546년) 독일의 신학자이자 종교 개혁가였던 루터는 면죄부 판매가 성경에 근거하지 않은 잘못된 것이라며, 로마 가톨릭교회에 대한 〈95개조 반박문〉을 비텐베르크 성당의 문에 붙였어요. 교황과 독일 황제는 부패한 교회를 새롭게 바꾸고자 했던 루터를 탄압했고, 루터가 이에 맞서면서 종교 개혁이 시작됐어요. 종교 개혁은 전 세계의 정치·경제·사회에 큰 영향을 미쳤답니다.

면죄부는 없다

루터의 일기

월 일 요일

바르트부르크에 있는 루터의 방

가톨릭교회에서 쫓겨나 바르트부르크 성에 숨어 지낸 지도 벌써 반년이 흘렀다. 작센 영주님의 따뜻한 보살핌이 없었다면 난 오래전에 하늘나라로 갔을지도 모른다. 내가 지금까지 숨이 붙어 있는 이유는 분명 신의 뜻이 있기 때문이리라. 그래서 나는 이곳에 숨어 지내는 동안 개혁을 멈추지 않기로 마음먹었다. 그 개혁이란 바로 라틴어로 된 신약성경을 독일어로 번역하는 것이다.

지난날, 면죄부를 사기 위해 줄지어 늘어선 사람들을 보며 나는 얼마나 안타까워했던가! 면죄부를 산 사람들은 마치 천국행 티켓이라도 얻은 것처럼 기뻐 날뛰었다. 그러나 성경 어디에도 돈을 주고 구원을 받는다는 내용은 없었다. 가톨릭교회는 언제까지 거짓말을 하며 무지한 백성들의 돈을 긁어모을 것인가!

독일어 성경이 완성되면 독일 사람들 모두가 성경을 읽을 수 있게 된다. 그렇게 되면 성직자들은 면죄부와 같이 허황되고 거짓된 내용을 함부로 설교하지 못할 것이다. 마침 구텐베르크의 인쇄술로 성경을 대량으로 만들 수 있다고 하니 어서 그날이 오기를 기대해 본다.

루터의 성경(1534년)

6 천사의 메시지를 들은 소녀

"잔 다르크, 왜 그러니? 잔 다르크!"
어머니가 잠에서 깬 잔 다르크를 바라보며 걱정스러운 말투로 말했어요.
"잔 다르크, 지난밤 꿈자리가 사나웠나 보구나?"
"꿈에서……."
무언가를 골똘히 생각하던 잔 다르크는 자리에서 벌떡 일어나 말했어요.
"샤를 왕세자님을 만나러 가야겠어요."
"뭐? 샤를 왕세자님을 만나러 간다고? 너 제정신이니? 도대체 어젯밤에 무슨 꿈을 꾼 거니?"
"대천사 미카엘의 음성을 들었어요. 샤를 왕세자님을 도와 프랑스를 구원하라고 하셨어요."
당시 프랑스는 영국과 백년전쟁을 치르고 있었어요.
말을 마친 잔 다르크는 곧바로 왕세자의 사령관을 찾아가 자신의 꿈

이야기를 해 주고, 왕세자를 만나게 해 달라고 간절히 부탁했어요.

결국 사령관은 6명의 기사를 내어 주었고, 잔 다르크는 그들과 함께 왕세자가 있는 시농성으로 갔어요.

신하로부터 잔 다르크의 이야기를 들은 샤를 왕세자는 어이가 없다는 듯 화를 냈어요.

"뭐라고? 지금 내가 한가한 것 같은가? 무슨 근거로 열여섯 살짜리 소녀가 한 말을 믿으라는 것인가?"

"하지만 왕세자님, 그 소녀가 정말 천사의 계시를 받았을지도 모릅니다. 설사 계시를 받지 않았더라도 전세가 불리한 저희에게는 희망이 필요합니다."

신하가 샤를 왕세자를 간절하게 설득했어요.

"그럼 잔 다르크가 정말 천사의 계시를 받았는지 시험해 보겠다."

의심이 가득했던 샤를 왕세자는 낡은 옷을 입고 신하들 속으로 모습을 감추었어요. 그리고 신하 중 한 사람을 왕세자의 옷으로 갈아입혔지요.

"이제 들어오라고 해라."

샤를 왕세자는 의기양양하게 말했어요.

그런데 안으로 들어온 열여섯 살의 잔 다르크는 가짜 왕세자는 거들떠보지도 않더니 신하들 속에 모습을 감추고 있던 샤를 왕세자 앞에 무릎을 꿇는 것이 아니겠어요!

깜짝 놀란 샤를 왕세자에게 잔 다르크가 말했어요.

"저는 천사의 계시를 받았습니다. 영국을 물리치고 프랑스를 구원하라고, 또 왕세자님이 왕이 될 수 있도록 도우라고 했습니다. 저는 왕세자님을 위해 기꺼이 목숨을 바치겠습니다."

샤를 왕세자는 잔 다르크의 말을 믿을 수밖에 없었어요. 샤를 왕세자는 잔 다르크를 지휘관으로 임명했어요.

오랜 전쟁에 지쳐 있던 프랑스 병사들은 천사의 계시를 받고 왔다는 어린 소녀의 등장에 희망을 얻었어요. 잔 다르크는 흰 갑옷을 입고 병사들 앞에 서서 직접 전투를 지휘했어요. 프랑스 병사들은 사기가 높아져 힘차게 영국군을 무찌르기 시작했지요.

전쟁의 승리로 샤를 왕세자는 프랑스의 왕이 되었어요. 이 모든 일이 천사의 계시를 받고 온 한 명의 소녀가 이루어 낸 것이었답니다.

잔 다르크(1412~1431년) 잔 다르크는 프랑스를 위기에서 구한 백년전쟁의 영웅이에요. 잔 다르크는 프랑스를 구하라는 신의 음성을 듣고 고향을 떠나 샤를 왕세자(샤를 7세)를 도왔어요. 흰 갑옷을 입고 선두에 선 그녀는 용감하게 영국군을 무찔렀지요. 그러나 결국 영국군에게 잡혀 마녀라는 죄명을 뒤집어쓴 채 화형을 당했답니다.

마녀로 내몰린 영웅 잔 다르크를 만나다

기자 잔 다르크 님, 작은 몸으로 프랑스를 위기에서 구하시다니, 멋지십니다.

잔 다르크 저는 신의 뜻대로 행동한 것뿐입니다.

기자 실례가 되는 질문인지 모르겠습니다만, 그럼 퐁피에뉴 전투에서 패배한 것과 영국군에 사로잡히신 것도 신의 뜻입니까? 게다가 잔 다르크 님의 도움으로 왕위에 오른 왕세자도 배신을 했잖아요.

잔 다르크 글쎄요. 어쨌든 영국군이 저를 풀어 주는 대가로 돈을 요구했지만 샤를 왕세자 님은 모른 척했습니다. 아마도 저의 치솟는 인기를 시기했던 거 같아요.

잔 다르크

기자 그렇군요. 샤를 7세는 백년전쟁이 끝난 후 잔 다르크 님의 마녀 혐의를 풀어 주고 명예를 회복시켜 주었답니다. 그런데 어쩌다 마녀로 내몰리셔서 화형까지 당하신 거죠?

잔 다르크 그들은 저를 모함했어요. 제가 성직자를 거치지 않고 신의 가르침을 받았다고 했어요. 그런 짓은 마녀나 하는 짓이라며 화형을 내렸어요. 그래도 저는 신의 가르침을 받았다는 사실을 끝까지 부정하지 않았어요.

기자 그렇군요. 소문을 듣자하니 바지를 입고 계신 것도 죄가 되었다죠?

잔 다르크 재판관들은 저의 여자답지 않은 차림새까지 죄목에 넣었지요. 당시에는 여자가 바지를 입어도 죄가 되었답니다. 여자는 무조건 치마를 입어야만 했어요. 그렇다고 치마를 입고 전쟁을 할 수는 없잖아요!

기자 잘 들었습니다. 잔 다르크를 죽음으로 몰고 간 가톨릭교회는 1920년에 가서야 잔 다르크를 성녀로 받들었습니다. 지금까지 19세의 꽃다운 나이에 인생을 마친 프랑스의 영웅 잔 다르크를 만나 보았습니다.

7 폭력보다 힘센 마음의 울림

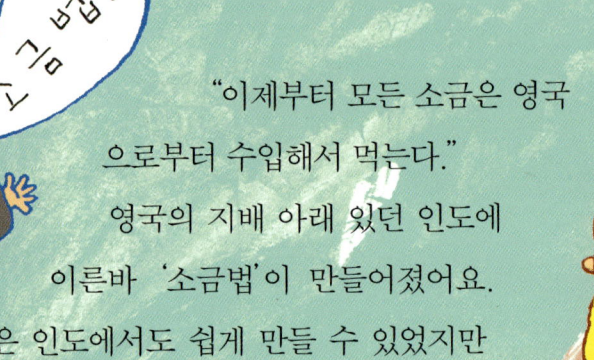

"이제부터 모든 소금은 영국으로부터 수입해서 먹는다."
영국의 지배 아래 있던 인도에 이른바 '소금법'이 만들어졌어요. 소금은 인도에서도 쉽게 만들 수 있었지만 영국 정부는 인도 사람들이 자체적으로 소금을 만들 수 없도록 했어요.
"삼면이 바다로 둘러싸인 우리 인도에서 소금을 만들 수 없다는 게 말이 되는가?"
백발이 성성한 한 노인이 흥분하며 말했어요.
"그러게요. 영국이 소금에 세금을 붙여 팔면 엄청나게 비쌀 텐데."
노인의 말을 듣고 있던 사내도 투덜댔어요.

"나라 잃은 백성은 언제나 이렇게 당하면서 사는구나! 인도가 독립하려면 폭력을 써서라도 영국과 싸워야 해."

노인이 두 주먹을 불끈 쥐며 소리치자 사내가 말했어요.

"간디 선생님께서는 그렇게 생각하지 않으실 거 같은데요."

마하트마 간디는 영국으로부터 인도를 독립시키기 위해 일생을 바친 인도의 민족 운동가였어요. 간디는 폭력을 쓰지 않는 평화로운 방식으로 영국에 저항했어요.

간디 역시 영국이 만든 소금법에 반대했어요.

"단디 바닷가로 가야지. 그곳에서 백성들에게 소금 만드는 법을 알려 줘야겠어."

평화롭게 걸어요.

1930년, 간디와 그를 따르던 몇몇 사람들은 인도 서쪽에 있는 단디 바닷가로 출발했어요.

드디어 소금법 반대 대행진이 시작되었어요.

"간디 선생님 아니십니까? 저도 선생님의 뜻에 함께 하겠습니다."

"저도 함께 가겠습니다."

간디가 지나가는 곳마다 많은 사람들이 몰려왔어요. 인도 사람들은 누구랄 것 없이 간디의 의지에 힘을 보탰어요.

당시 간디의 나이는 61세였어요. 그는 노인의 몸이었지만 24일 동안 300킬로미터가 넘는 길을 끝까지 행진했어요.

마침내 간디는 단디 바닷가에 도착했어요. 그곳에서 간디는 사람들에게 소금 만드는 법을 가르쳤어요. 그는 바닷물을 길어 만든 소금 한 움큼을 묵묵히 집어 들었어요.

"우리가 직접 만든 이 소금이 인도의 독립에 귀중한 밑거름이 될 것입니다."

나의 강력한 무기는 평화요.

간디의 이러한 모습은 어떤 무기보다도 강력했어요. 간디의 소금 행진은 끝났지만 사람들은 스스로 소금을 만들기 시작했어요.

"이제 우리 힘으로 소금을 만듭시다."

인도 전체에 소금법을 반대하는 뜨거운 저항의 불길이 번져 나갔어요. 그러자 영국은 간디를 비롯해 무려 6만 명에 이르는 인도 사람들을 감옥에 가두었답니다.

우리도 소금을 만들 수 있소.

마하트마 간디(1869~1948년) 간디는 영국에 대해 비폭력·불복종 운동을 했어요. 이는 무력을 사용하지 않는 독립 운동의 한 방법으로 영국 상품 사지 않기, 세금 안 내기, 고의적인 법률 위반, 피켓 들고 시위하기 등이었지요. 이러한 방식으로 많은 인도 사람들이 독립 운동에 참여했어요. 민족 지도자 간디의 위대한 영혼은 인도 사람들에게 커다란 영향을 주었답니다.

폭력을 쓰지 않고 저항하는 법

8 남극에서 634일을 버틴 기적의 탐험대

어려운 탐험에 함께할 동료를 구함.
여러 달을 어둠 속에서 보낼 수 있으며 수많은 어려움과 난관을 극복해야 함.
탐험을 끝내고 무사히 돌아올 수 있다는 보장도 없음.

신문에 이러한 구인 광고를 실은 사람은 바로 탐험대장 어니스트 섀클턴이었어요. 얼마 후 섀클턴은 과학자, 요리사, 선원, 해군, 지리학자, 사진사 등 출신도 직업도 다른 스물일곱 명의 사람들로 탐험대를 만들었어요.

1914년 8월 1일, 드디어 섀클턴 탐험대를 태운 인듀어런스호가 남극 횡단을 위해 영국을 출발했어요.

하지만 목적지를 불과 150여 킬로미터 앞두고 인듀어런스호는 얼어붙은 바다에 갇혀 버리고 말았어요.

섀클턴은 배가 가라앉자 대원들에게 행군을 명령했어요.

"배를 버리고 걸어간다. 개인 짐은 1킬로그램으로 제한한다."

섀클턴은 짐을 줄이기 위해 가장 먼저 무거운 돈뭉치를 버렸어요. 사진사 헐리는 탐험을 기록한 400통의 필름을 포기했지요. 의사 맥클린은 안타깝게도 사랑하는 애견 시리우스를 죽일 수밖에 없었어요.

이제 탐험대는 남극이 아닌 무사히 집으로 돌아가는 것을 목표로 삼았어요. 하지만 집으로 돌아가는 길을 정확히 아는 사람은 없었어요.

탐험대는 언제 깨질지 모르는 얼음 위로 썰매를 끌며 걸었어요. 하지만 세찬 바람과 추위로 불과 몇 킬로미터밖에 나아가지 못했어요.

섀클턴은 행군을 포기하고 빙판 위에 캠프를 만들었어요. 잠들기 전, 섀클턴은 대원들과 제비뽑기를 해서 좋은 침낭과 나쁜 침낭을 나누기로 했어요. 그런데 제비뽑기를 하고 나자 누군가가 수군거렸어요.

"누군가가 제비뽑기를 조작했어. 무효야!"

그때 섀클턴이 나쁜 침낭을 집어 들었어요. 그러자 자연스레 불만의 소리도 사라졌지요.

"계급에 상관없이 모두가 공평하게 일하고 먹는다."

섀클턴은 대원들을 위해 자신을 희생할 줄 알았어요.

탐험대는 세 척의 보트를 나눠 타고 꼬박 이틀 동안 쉼 없이 파도를 헤쳐 나갔어요. 그리고 마침내 자갈과 펭귄의 오물로 뒤덮인 엘리펀트섬에 닿았어요. 엘리펀트섬에서 구조선을 기다렸지만 구조선은 오지 않았어요. 기다리다 지친 섀클턴이 말했어요.

"사우스조지아섬으로 가서 구조선을 이끌고 와야겠다."

사우스조지아섬은 탐험대가 남극 탐험을 준비한 베이스 캠프였어요. 하지만 사우스조지아섬까지는 천 킬로미터가 넘는 길이었어요.

떠난 지 석 달이 지났는데도 섀클턴은 돌아오지 않았어요. 움막 주변은 남은 대원들이 먹어 치운 펭귄의 가죽으로 둘러싸여 있었지요.

그러던 어느 날, 아침식사를 준비하던 대원이 소리쳤어요.

"배다! 배가 나타났다."

엘리펀트섬으로 오는 구조선 위에 섀클턴이 있었어요.

"한 사람도 빠짐없이 모두 무사한가?"

섀클턴은 부하들의 안부를 먼저 물었어요.

"모두 무사합니다."

대장이 나타나자 대원들은 모자를 던지며 환호했어요. 지난 634일간의 여정이 끝나는 순간이었어요.

섀클턴은 비록 남극을 횡단하지는 못했지만, 전 대원이 무사히 귀환하는 기적을 만들어 냈어요. 사람들은 이 탐험을 '위대한 실패', 혹은 '위대한 항해'라고 부르며 그들의 정신을 기리고 있답니다.

어니스트 섀클턴(1874~1922년) 어니스트 섀클턴은 영국의 탐험가예요. 그는 남극 탐험을 두 번이나 성공한 후에도 1914년 남극 대륙을 횡단하기 위해 스물일곱 명의 대원들과 함께 인듀어런스호에 올랐어요. 그런데 남극의 얼음에 배가 난파하면서 섀클턴과 대원들은 엄청난 시련을 겪게 됐어요. 비록 탐험에는 실패했지만 섀클턴은 혹한의 남극 땅에 남겨진 선원들을 모두 구출해 내는 데 성공한 영웅이랍니다.

 사진으로 보는 섀클턴 항해기

1 얼음에 포위된 인듀어런스호
1월 24일 밤. 앞쪽에 물길이 나타났다. 오전 9시에 모든 돛을 올리고 증기를 최대로 했다. 넓은 바다가 나오기를 희망하며 전속력으로 달렸지만 결국 실패했다.

2 세 척의 보트 중 제임스 커드호 운반 장면
썰매 위에 무거운 배를 올리고 모두 밀었다. 아주 힘들었다. 모두 최선을 다했지만 고작 1킬로미터 떨어진 곳까지 가는데 완전히 지쳤다. 그곳에서 새로운 기지를 마련했다. 배의 무게는 거의 1톤이나 되었다.

3 구조의 순간
1916년 8월 30일. 옐코호가 나타났다. 3일 전에 눈덩이를 치워 두었다. 갑자기 날씨가 따뜻해지면 녹아서 홍수가 날 수도 있기 때문이었다. 이들이 떠난 장소에 눈을 치웠던 삽과 곡괭이가 남아 있다.

🧒 **아문센** 모든 대원들을 살아 돌아올 수 있게 이끈 리더 섀클턴은 정말 위대함.
　　└ **돌멩이** 인류 최초로 남극점과 북극점을 탐험한 노르웨이 탐험가 아문센 님이다!!
🧑 **영국탐험가 스콧** 저도 1901~1904년에 남극 탐험을 지휘해서 남한 도달 기록인 남위 82도 17분을 기록했지요. 제2차 남극 탐험에 나서 남극점에 도달했으나 돌아오는 길에 조난을 당했고, 결국…ㅠㅠ
　　└ **꾸미** 스콧 님의 탐험과 도전 정신도 위대했어요.

세계 문화유산 진기록

1 세상에서 가장 오래된 그림

"어째 좀 으스스한걸!"

스페인의 아마추어 고고학자 사우투올라는 산탄데르 지역의 동굴 속을 조사하고 있었어요. 사우투올라의 옆에는 다섯 살짜리 여자아이가 있었지요.

"마리아! 정말 아빠를 따라올 거니? 동굴 안은 깜깜할 텐데."

사우투올라가 어린 딸에게 걱정스러운 말투로 물었어요.

"네! 따라갈 거예요!"

마리아는 전혀 무섭지 않다는 듯 천연덕스레 말했어요. 사우투올라는 마리아의 호기심 어린 표정이 귀여워 씩 웃었어요.

"좋아! 그럼 아빠 뒤에 바짝 붙어 있어야 해."

마리아는 마냥 신 난다는 표정으로 고개를 끄덕였어요. 사우투올라는 램프에 불을 켜고 동굴 안으로 들어갔어요.

동굴 안으로 들어갈수록 외부의 빛은 점점 희미해져 갔어요. 사우투올라는 동굴 안의 이곳저곳을 비추며 무언가가 나오기

무섭지 않니, 마리아?
전혀요.

를 기대했어요. 하지만 한참이 지나도록 특별한 것을 발견하지 못했어요.

"정말 아쉽군. 뭔가 나올 줄 알았는데."

허탕을 쳤다고 생각한 사우투올라는 한숨을 내쉬었어요. 그런데 왠지 허전한 느낌이 들었어요.

"마리아! 마리아!"

순간 마리아가 보이지 않았어요. 사우투올라는 깜짝 놀라 딸의 이름을 외쳤어요. 그때 멀리서 마리아의 목소리가 들렸어요.

"아빠!"

사우투올라는 마리아의 목소리가 나는 쪽으로 달려갔어요.

"마리아! 괜찮니?"

마리아는 구덩이에 빠져 있었어요.

사우투올라는 어둠 속에서 두려워하고 있는 딸에게 램프를 내려 보냈어요. 그런 후에 좁은 바위틈을 비집고 마리아가 있는 곳으로 들어갔어요.

그때 램프를 들고 있던 마리아가 깜짝 놀라 소리쳤어요.

"아빠, 여기 소 그림이 있어요!"

사우투올라가 램프로 울퉁불퉁한 천장을 비추자 들소 그림이 가득했어요. 바위의 튀어나온 부분과 들어간 부분에 그려진 동물 모습에서

입체감이 살아났어요. 그것은 마치 방금 그린 듯 선명했고 살아 있는 것처럼 느껴졌어요.

사우투올라는 예전에 프랑스 파리의 만국 박람회에서 보았던 빙하 시대의 조각들을 떠올렸어요. 동굴에 그려진 벽화가 그때 본 조각들과 비슷했거든요.

"마리아, 네가 대단한 일을 해냈구나!"

사우투올라는 딸을 끌어안고 기뻐했어요. 세상에서 가장 오래된 동굴 벽화를 발견한 것은 바로 다섯 살 난 꼬마였던 거예요.

다음 해인 1880년, 사우투올라는 알타미라 동굴에서 선사 시대의 유적지를 발견했다고 발표했어요. 하지만 고고학자들은 아마추어였던 사우투올라의 말을 믿지 않았어요. 구석기 시대 사람들이 그렇게 아름다운 색깔과 생생한 그림을 그렸을 리 없다는 거였어요. 게다가 그렇게 오랜 세월 동안 완벽한 상태로 보존되어 있을 수는 더더욱 없다는 주장이었어요.

20년이 지난 뒤 알타미라 동굴 벽화와 비슷한 선사 시대 그림이 발견되면서 학자들은 사우투올라의 주장을 인정했어요. 알타미라 벽화가 구석기인들의 작품이었다는 게 밝혀지면서 전 세계는 놀라움을 금치 못했답니다.

알타미라 동굴 벽화 알타미라는 스페인 북부 칸타브리아 지방에 위치한 작은 산이에요. 그곳의 동굴에서 인류 역사상 가장 오래된 그림이 발견되었는데, 그건 바로 구석기 시대 후기에 살던 사람들이 그린 벽화였어요. 이 알타미라 동굴 벽화를 통해 구석기인들의 뛰어난 미술 솜씨뿐만 아니라 사냥 방법이나 무기, 신앙 등을 알 수 있게 되었답니다.

구석기 시대의 귀중한 보물 창고

선사 시대 사람들은 그림으로 자신들의 생활을 표현했다. 선사 시대란 문자가 생겨나기 이전 시대로 구석기 시대를 포함하고 있다. 이 시대의 동굴 벽화나 조각, 그림, 비석들은 당시 시대상을 들여다볼 수 있는 중요한 자료가 된다.

유명한 동굴 벽화

세계적으로 알려진 스페인의 알타미라와 프랑스의 라스코 동굴 벽화는 가장 대표적인 선사 시대의 예술 작품이다. 라스코 동굴 벽화는 알타미라 동굴 벽화와 비슷한 시기에 만들어진 것으로 프랑스의 라스코 언덕에서 발견되었다.

알타미라 동굴 벽화

알타미라와 라스코 동굴 벽화에는 주로 동물들의 모습이 생생하게 그려져 있다. 이는 구석기인들이 많은 동물을 사냥하고 싶은 바람을 표현한 것이다.

또한 구석기인들은 자신들이 그린 그림을 보며 주문을 걸거나 제사를 지냈다. 이것 역시 사냥이 잘되기를 바라는 마음을 담은 것이었다.

라스코 동굴 벽화

구석기인들은 사냥이나 물고기 잡이, 과일과 각종 식물을 채집하여 먹는 문제를 해결했다. 그중에 사냥은 식량을 얻는 가장 중요한 수단이었다.

이와 같이 알타미라와 라스코 동굴 벽화는 구석기인들의 생활을 엿볼 수 있는 귀중한 보물 창고 역할을 톡톡히 해내고 있다.

2 숨겨진 왕을 찾아낸 20세기 최고의 발굴

"계단이 나왔어요!"

1922년 11월 4일, 이집트 왕가의 계곡에서 땅을 파던 인부들이 소리쳤어요.

그 신비로운 계단을 내려가자 봉인되어 있는 문이 나타났어요. 봉인은 고귀한 신분의 사람에게 주어지는 일종의 도장 같은 거예요.

현장에 나간 영국의 고고학자 카터는 가슴이 두근거렸어요.

"이 봉인은 분명 고대 이집트 왕의 것이다. 봉인이 그대로 있는 것을 보면 아직까지 도굴당하지 않은 무덤이라는 뜻!"

카터는 당장이라도 문을 열고 싶었지만 지금까지 자신을 후원해 준 캐너번 경을 기다리기로 했어요.

오래전부터 카터는 고대 이집트 왕 투탕카멘의 무덤을 찾고 있었어요. 왜냐하면 이전까지는 알려지지 않았던 투탕카멘의 이름이 새겨진 유물들이 여기저기에서 발견되었거든요.

카터는 투탕카멘의 무덤을 발견할 수 있다는 믿음으로 발굴 작업을 하고 있었어요. 그러나 카터에게는 시간이 그리 많지 않았어요. 계절이 지날 때까지 투탕카멘의 무덤을 발굴하지 못하면 모든 작업이 중지될 위기에 처해 있었지요. 그런 와중에 새로운 이집트 왕의 무덤이 발견된 거예요.

드디어 캐너번 경이 발굴 장소에 도착했고, 카터는 무덤의 문을 열기로 했어요.

"으으, 이게 꿈이야 생시야?"

카터는 봉인된 문 아래에서 투탕카멘의 이름을 확인했어요. 그것은 자신이 처음 팠던 곳에서 얼마 되지 않은 곳에 있었어요. 카터는 덩실덩실 춤이라도 추고 싶은 기분이었어요.

"뭐가 좀 보이나?"

캐너번 경이 기대와 걱정이 섞인 말투로 물었어요.

"보입니다. 아주 굉장한 것들이 보입니다."

방 안으로 들어가자 믿을 수 없을 만큼 많은 보물이 무덤 안에 묻혀 있었어요. 그곳에는 이상하게 생긴 동물 그림과 석상, 금 등이 가득 쌓여 있었어요.

"카터, 자네가 해냈군!"

캐너번 경은 수북한 보물에서 눈을 떼지 못한 채 말했어요.

투탕카멘의 무덤에선 110킬로그램짜리 황금관과 11킬로그램짜리 황금마스크 등 호화찬란한 금은보화와 3천여 년 동안 마르지 않은 향료 등 2천여 점의 귀중한 유물이 출토됐어요.

그런데 얼마 후 이상한 일이 생겼어요. 투탕카멘의 무덤을 발굴하는 데 참여했던 사람들이 하나둘씩 죽는 거예요.

"투탕카멘의 복수일 거야!"

사망자들 대부분이 원인을 알 수 없는 병이나 자살로 죽자 '파라오의 저주' 때문이라는 소문이 나돌았어요.

카터도 신문에 난 파라오의 저주 기사를 읽었어요.

"말도 안 돼! 내가 이렇게 버젓이 살아 있는데 무슨 저주란 말이야!"

카터는 늙어서 세상을 떠났어요. 무덤에 제일 먼저 들어간 사람이니, 저주가 사실이었다면 제일 먼저 죽었어야 했겠죠? 하지만 그런 일은 일어나지 않았어요.

카터의 발굴은 고대 이집트 연구에 더욱 가속도를 붙였어요. 또한 고대 문명의 화려하고 거대한 보물들을 보여 줌으로써 전 세계의 주목을 끌었답니다.

투탕카멘(기원전 1343~기원전 1325년) 열 살에 파라오(고대 이집트의 왕)의 자리에 올라 스무 살이 되기 전에 숨진 왕이에요. 이집트 왕가의 계곡에서 그의 무덤이 발견되면서 비로소 유명해지기 시작했지요. 영국의 고고학자 하워드 카터는 1922년 투탕카멘의 무덤에서 미라와 황금마스크 등을 발견해 고고학 역사상 큰 업적을 이루었어요. 투탕카멘의 묘는 도굴당하지 않은 채 고대 이집트의 눈부신 보물들을 보관하고 있었답니다.

⬅➡ 미라는 어떻게 만들어졌을까?

고대 이집트의 미라(ⓒKlafubra)

고대 이집트인들은 죽음 이후의 삶이 있다고 믿었어요. 그 이유는 나일강의 범람과 연관이 있어요. 매년 되풀이되는 나일강의 범람을 보며 이집트인들은 죽음과 부활에 대한 생각을 갖게 되었답니다. 그래서 이집트인들은 심판의 날이 올 때까지 시신을 썩지 않게 보관하기 위해 미라를 만들었어요.

미라를 만들 때는 심장을 제외한 시신 안의 장기들은 꺼내서 카노푸스 항아리에 부위별로 넣었다고 해요. 그리고 몸에 소금이나 모래를 채워 시체가 썩지 않도록 하고, 한 달 후 시신의 수분이 완전히 제거되면 소금을 걷어 낸 뒤 몸 안에 헝겊을 채워 모양을 만들었어요. 그리고 피부에 몰약이나 향료를 바른 뒤 시신을 꿰매고 몸에 난 구멍을 모두 막은 뒤 송진을 바른 천으로 친친 감았죠.

이렇듯 과정이 복잡하고 시간이 많이 걸려서 처음에는 왕이나 귀족들만 미라로 만들었어요. 그 후엔 악어나 고양이, 개 등 동물도 미라로 만들었답니다.

🔺 **강나일** 미라에 심장을 왜 남겨 놓는 건가요?
　└ 👤 **미라 수집가** 그건 심판의 날에 영혼의 무게를 재기 위해서였죠. 이집트인들은 육체와 영혼의 중심이 심장이라고 생각했어요.
🐤 **톰소녀** 그거 아세요? 『톰 소여의 모험』을 쓴 마크 트웨인은 이집트 여행 중에 미라가 기관차 연료로 쓰이는 것을 보았다고 하네요. 완전 어이없죠?

3 궁전보다 화려한 무덤

"뭄타즈 마할, 나에겐 당신밖에 없다오."

인도 무굴 제국의 왕 샤 자한은 여러 명의 부인이 있었지만 오직 뭄타즈 마할만을 아끼고 사랑했어요.

샤 자한은 반란을 진압하기 위해 군대를 이끌고 있었어요. 그의 아내 뭄타즈 마할은 임신한 몸으로 남편을 따르던 중이었지요.

"오늘 아이가 나올 거 같아요."

뭄타즈 마할이 식은땀을 흘리며 힘없는 목소리로 말했어요.

그녀는 열네 번째 아이를 출산하기 직전이었어요.

"왕비가 건강한 아이를 낳을 수 있도록 최선을 다하라."

잠시 후, 막사 안에서 아기 울음소리가 터져 나왔어요.

우리는 찰떡궁합!

"폐하!"

뭄타즈 마할의 시녀가 황급히 샤 자한 앞에 무릎을 꿇으며 말했어요.

"그래, 어떻게 되었느냐? 어서 말해 보거라."

샤 자한은 궁금해서 못 견디겠다는 표정으로 시녀에게 대답을 재촉했어요.

"공주님이십니다. 그런데……."

시녀의 눈가에 어린 눈물이 당장이라도 떨어질 것 같았어요. 뭔가 불길한 낌새를 알아차린 샤 자한은 뭄타즈 마할의 막사로 달려갔어요. 뭄타즈 마할은 이미 싸늘한 시체가 되어 있었어요.

"오, 나의 보석! 뭄타즈 마할!"

샤 자한은 간절한 목소리로 뭄타즈 마할을 불렀지만 소용없는 일이었어요.

사랑하는 왕비를 잃은 샤 자한의 슬픔은 이루 말할 수 없었어요.

"세상에서 가장 아름다운 무덤을 만들어라!"

샤 자한은 왕비의 영혼을 위로하기 위해 세상에서 가장 아름다운 무덤을 짓기로 결심했어요.

샤 자한은 아시아 각지에서 대리석, 수정, 진주, 에메랄드, 사파이어 등 값비싼 보석을 들여와 이제까지 들어 보지 못한 크고 화려한 무덤을 만들기 시작했어요. 이탈리아, 이란, 프랑스, 터키 등 세계 각지에서 온 건축가와 2만 명의 사람들이 공사에 동원되었어요. 무덤을 만들기 위한 무거운 재료들을 운반하는 데는 코끼리가 동원되었지요.

드디어 공사를 시작한 지 22년만에 무덤이 완성되었어요.

"뭄타즈 마할, 당신만큼이나 아름답구려!"

완성된 무덤을 바라보던 샤 자한이 말했어요.

"무덤의 이름은 '마할의 왕관'이란 의미로 '타지마할'이라고 짓겠다."

샤 자한은 왕비의 이름을 넣어 무덤의 이름을 지었어요. 샤 자한이 사랑과 정성을 쏟아부은 타지마할은 아름답기 그지없었어요.

샤 자한은 타지마할이 완성된 후 셋째 아들 아우랑제브의 반란으로 왕위에서 쫓겨나게 되었어요. 아우랑제브는 아버지 샤 자한을 아그라 요새의 탑에 가두었어요.

7년간 탑에 갇힌 채 타지마할을 바라보며 지내던 샤 자한은 아그라 요새에서 조용히 세상을 떠났어요. 그 후 샤 자한은 타지마할의 아내 곁에 묻혔어요.

샤 자한이 세운 타지마할은 1983년에 세계문화유산으로 등록되어 인도의 대표적인 이슬람 건축물로 사랑받고 있답니다.

타지마할 인도 아그라 교외에 위치한 타지마할은 무굴 제국의 황제였던 샤 자한이 황후인 뭄타즈 마할을 추모하여 건축한 궁전 형식의 무덤이에요. 빛나는 흰색 대리석과 거대한 돔, 그리고 네 개의 첨탑은 타지마할을 더욱 아름답게 만들었지요. 이슬람 최고의 건축물로 손꼽히는 타지마할에는 샤 자한과 그의 아내의 무덤이 있답니다.

무굴 제국이여, 영원하라!

샤 자한의 일기

월 일 요일

타지마할

아그라 요새에 갇혀 지낸 지도 벌써 수년이 흘렀다. 그나마 위안이 되는 것은 창밖으로 타지마할을 볼 수 있다는 것이다.

어젯밤 꿈에 뭄타즈 마할이 나타났다. 황국의 보석이란 이름처럼 아름다운 나의 뭄타즈 마할! 나는 그녀와 한참 동안 얼싸안고 엉엉 울었다. 잠에서 깨지 않았으면 좋았을 것을.

반란을 일으켜 왕위에 오른 셋째 아들 아우랑제브에 대한 소문이 이곳까지 들려온다. 아우랑제브가 남부 지방을 정벌하기 위해 궁궐을 오랫동안 비우니 관리들이 나랏돈을 함부로 쓴다고 한다. 보나마나 백성들의 삶은 점점 어려워지고 있을 것이다. 관리들이 나라를 제대로 돌보지 않고 자신의 배만 채우려 하다니…….

내가 병들지만 않았어도 다시 왕의 자리를 되찾아 올바른 정치를 펼칠 수 있을 텐데. 하지만 쇠약해져 가는 내 몸은 뭄타즈 마할 곁으로 갈 날이 얼마 남지 않았음을 말해 주는 것 같다. 나는 비록 갇혀 있는 몸이지만 부디 무굴 제국이 잘살고 부강해지기를 바란다.

4 어머니를 모델로 만든 미국 최고의 조각상

"이 사람도 아니고, 저 사람도 아니고……."

한 사나이가 여러 장의 초상화를 정신없이 뒤적이고 있었어요.

진땀을 빼며 이리저리 찾더니 이내 머리를 쥐어뜯으며 말했어요.

"도대체 누구를 모델로 하지?"

이 사나이는 프랑스의 유명한 조각가 바르톨디였어요. 그는 미국의 독립 100주년을 축하하기 위한 조각상을 만들고 있었어요.

바르톨디는 조각상의 얼굴 모델을 누구로 할지 고민이 됐어요.

"모델은 아주 유명한 사람의 얼굴이어야 하지 않겠나!"

"세계 역사를 통틀어 가장 큰 업적을 이룩한 사람으로 해 봐."

주변의 많은 사람들이 얼굴 모델을 누구로 하면 좋을지 말해 주었어요. 하지만 주변 사람들의 말을 들으면 들을수록 바르톨디의 고민은 더욱 커져만 갔어요.

아들의 모습에 안타까워하던 바르톨디의 어머니는 위로의 말을 건넸어요.

"바르톨디, 너무 걱정하지 말거라. 너라면 잘 해낼 수 있을 거야. 모든 사람에게 위로가 되는 그런 작품을 만들렴."

어머니의 격려에 바르톨디의 마음이 편안해졌어요.

그때 바르톨디의 머리가 번쩍였어요.

'그래, 어머니를 모델로 하는 거야!'

바르톨디는 사람들에게 말했어요.

"세상의 어둠을 밝혀 주고 희망을 비춰 주는 등대와도 같은 저의 어머니. 이보다 훌륭한 모델이 어디에 있겠습니까? 그래서 이 조각상은 어머니의 얼굴을 모델로 만들 겁니다."

마침내 바르톨디는 어머니의 모습을 닮은 조각상을 완성했어요.

완성된 조각상은 한쪽 손에는 햇불을 들고, 다른 손에는 독립 선언서를 든 거대한 여신의 모습이었어요. 왼손에 들린 독립 선언서에는 '1776년 7월 4일'이라는 날짜가 적혀 있었지요. 이날은 바로 미국이 독립을 선언한 날짜였어요.

조각상은 햇불까지의 높이가 46미터, 무게가 자그마치 225톤이나 되었어요. 이렇게 어마어마한 조각상을 미국까지 배로 운반하는 데는 엄청난 기술과 노력이 필요했어요. 그리하여 조각상을 350개의 작은 조각으로 나누고 그것들을 214개의 나무 상자에 넣어서 운반했지요.

이 거대한 조각상을 선물로 받은 미국에서도 무려 4개월 동안 조립해서 조각상을

완성할 수 있었어요. 그런데 미국은 받침대를 만들 비용이 모자라서 조각상을 설치하지 못하고 창고에 둘 수밖에 없었지요. 받침대 설치 비용을 마련하려고 했던 위원회는 돈이 부족해서 자유의 여신상을 프랑스로 돌려보낸다면 이는 매우 수치스러운 일이 될 거라고 생각했어요.

　미국의 신문사 사장 조셉 퓰리처는 이 사실을 안타깝게 여기고 신문에 글을 실었어요.(퓰리처는 '기자들의 노벨상'이라고 말하는 퓰리처상을 만든 사람이기도 해요.) 받침대 설치를 위한 기부금을 내면 신문에 기부자의 이름을 실어 주겠다는 내용이었지요. 이로써 조각상 설치를 위한 모금 운동이 더욱 활기를 띠게 되었어요.

　그리하여 1886년, 드디어 뉴욕항의 리버티섬에 드디어 조각상이 세워졌어요. 이 조각상을 만든 프랑스에서는 이 조각상의 이름을 '세계를 밝히는 자유'라고 지었으나, 미국 사람들은 이를 '자유의 여신상'이라 부르고 있답니다.

　자유의 여신상의 햇불이 내는 불빛은 40킬로미터 바깥에서도 볼 수 있어요. 자유의 여신상은 세계 최초로 전기를 이용한 등대이기도 하답니다.

자유의 여신상 자유의 여신상은 1885년 프랑스의 이세레호에 실려 미국 뉴욕항에 도착했어요. 프랑스의 조각가 프레데리크 오귀스트 바르톨디가 디자인한 자유의 여신상은 미국 독립 100주년을 축하하는 프랑스의 선물이었지요. 동쪽 바다를 바라보고 있는 이 자유의 여신상은 뉴욕을 통해 미국으로 들어오는 이민자들에게 자유의 상징이 되었답니다.

미국, 완전한 독립국가가 되다!

1700년대 미 동부 해안에 위치한 13개 자치주는 영국의 식민 지배를 받고 있었다. 미국은 영국의 지나친 간섭과 무리한 세금 징수에 대해 불만이 점점 쌓여 갔다.

과도한 세금의 하나로, 미국에서 출판되는 모든 출판물에 세금을 부과한 인지세법이 있었다. 영국은 유언장이나 학교 졸업장 같은 문서에도 인지(Stamp)가 붙지 않은 것은 효력을 갖지 못하도록 했다. 이에 미국의 독립 운동가였던 패트릭 헨리는 1765년 미국 버지니아 의회에서 인지세법 반대 연설을 했다. 미국 식민지 대표자가 한 명도 없이 영국 의회에서 통과된 세금법은 무효라고 주장한 것이다.

보스턴 차 사건

미국 독립 전쟁에 불이 붙다

마침내 1773년, 미국 독립 전쟁의 불씨를 당긴 보스턴 차 사건이 터졌다. 미국 사람들은 영국의 지나친 간섭에 반발해 보스턴 항에 정박 중이던 배를 습격했고, 그 안에 실려 있던 차 상자를 바다로 내던졌다. 이후 영국의 탄압이 더욱 거세졌고 이에 따라 미국 안에서는 영국으로부터 독립하자는 목소리가 커지게 된다. 결국 1775년에 미국은 독립 전쟁을 결심한다.

프랑스의 협력이 일조

이때 미국의 편에서 함께 싸웠던 나라가 바로 프랑스였다. 당시 프랑스는 영국과 유럽에서 경쟁 관계에 있었다. 1781년, 요크타운 전투에서 프랑스와 미국의 독립군은 영국을 격파하였다. 이로써 미국은 완전한 독립국가가 되었다.

5 9999개의 방이 있는 궁궐

 "북방 민족의 침입을 막기에 좋은 베이징으로 도읍을 옮긴다."
 중국 명나라의 3대 황제 영락제가 위엄 있는 목소리로 명령했어요. 영락제는 군사적으로 유리한 위치의 베이징에 자리를 잡고 그 중심에다 동서로 753미터, 남북으로 961미터의 거대한 땅을 마련했어요. 그리고 그곳에다 도시 안의 또 다른 도시 자금성을 세웠어요. '자금'이란 북두성의 북쪽에 위치한 별로, 하늘의 아들인 천자가 머무르는 곳이라는 데서 유래된 말이에요.
 자금성 안에는 무려 9,999개에 이르는 방을 만들었어요. 하늘의 천제가 살던 천궁에는 1만 칸의 방이 있다고 하는데 황제는 지상의 천자이므로 그보다 한 칸이 적은 9,999칸의 방을 지은 거예요.

1601년, 큰 코와 흰 턱수염을 가진 이방인이 말을 타고 자금성으로 향했어요. 생긴 것은 서양 사람인데 입고 있는 옷은 중국 선비와 똑같았어요. 그는 가톨릭교 선교사였던 마테오 리치였어요.

'서양 사람인 내가 과연 중국의 황제를 만날 수 있을까?'

마테오 리치는 가톨릭교를 중국에 널리 퍼뜨리려고 했어요. 그러기 위해서는 중국 황제와 관리들의 마음을 얻는 것이 중요했지요. 그래서 그는 황제에게 서양에서 가져온 선물을 바쳤어요. 서양 사람인 그가 황제를 만날 수 있는 방법은 그것뿐이었지요. 그가 바친 선물의 목록 중에는 자명종, 십자가상, 오르골, 프리즘, 피아노 등이 있었어요.

명나라의 14대 황제 만력제는 자명종 시계에 큰 관심을 보였어요. 덕분에 마테오 리치는 서양인 최초로 자금성에 들어갈 기회를 잡았어요.

"이곳이 중국 황제가 산다는 자금성인가! 소문대로 어마어마하군!"

자금성에 도착한 마테오 리치는 으리으리한 자금성의 규모에 감탄했어요. 그는 성벽 바로 옆에 있는 폭 50미터의 도랑을 지나쳐 자금성의 정문인 오문을 바라보았어요.

오문은 세계에서 가장 큰 문이었어요. 말이나 가마를 타고 온 관리들은 오문에서부터는 내려서 궁궐까지 걸어가야 했어요. 자금성 안으로 들어간 마테오 리치는 10미터 높이에 달하는 성벽과 끝이 보이지 않는 길에 그만 기가 죽고 말았어요.

'서양의 어느 나라에도 이런 궁궐은 없을 거야.'

자금성은 웅장하다는 표현으로도 부족할 만큼 거대했어요. 황금색 기와로 이어진 궁궐의 지붕이 햇빛을 받아 반짝반짝 빛났어요.

그런데 마테오 리치는 좀 의아했어요. 서양의 궁전에는 대개 아름다운 정원이 함께 있는데 특이하게도 자금성 안에는 나무가 한 그루도 없는 거예요. 알고 보니 황제를 시해하려는 자객이 숨을 수 없도록 한 것이었어요. 게다가 땅을 파고 들어오는 적을 막기 위해 자금성 밑으로는 7미터까지 파고 40여 장의 벽돌을 겹쳐 놓았지요.

이 어마한 곳에 입성한 마테오 리치는 환관들에게 자명종을 보여 주었어요. 그리하여 시계를 관리하는 임무를 맡고 10년 동안 자금성을 드나들었답니다.

자금성 자금성은 14년 동안 10만 명의 장인들과 연간 100만 명에 이르는 백성들을 동원해서 지은 엄청난 규모의 궁궐이에요. 명나라의 3대 황제였던 영락제는 수도를 베이징으로 옮기고 만리장성 이후 최대의 공사라 불리는 자금성 쌓기에 나섰지요. 이후 이곳에서 명나라와 청나라의 황제 24명이 490년간 나라를 다스렸어요. 중국 최대의 박물관이기도 한 자금성의 규모는 궁궐로는 세계 최대의 규모를 자랑한답니다.

자금성에 불어온 서쪽 바람

자금성 태화전

이탈리아에서 태어난 마테오 리치는 예수회에 소속된 가톨릭교 선교사예요. 그는 서양의 과학을 소개하면서 가톨릭교를 전파했지요. 리치는 명나라에 도착한 뒤 맨 먼저 세계 지도 만드는 일을 시작했어요.

"세계 지도를 명나라의 관리들에게 보여 주어 관심을 이끌어 내야겠다."

그래서 리치는 1583년에 〈곤여만국전도〉라는 세계 지도를 만들었어요. 그의 예상대로 세계 지도는 명나라의 관리들 사이에서 큰 관심을 불러일으켰어요. 이런 노력으로 리치는 황제가 사는 자금성 안으로 들어갈 수 있었지요.

〈곤여만국전도〉에서 세계는 타원으로 그려졌고 유럽, 아프리카, 아시아, 남북아메리카와 남극의 5대주로 나뉘었어요. 유럽의 지도와 달리 중국이 지도의 중앙에 놓여 있고요. 또 한자를 사용하여 지명을 기록했어요. 그래서 중국 사람들은 이 지도를 수월하게 받아들였답니다.

지도종결자 〈곤여만국전도〉는 명나라에서 엄청난 인기를 끌었답니다. 미지의 세계에 대한 호기심 때문이었죠. 목판으로 인쇄한 지도가 부족해 손으로 베껴서 널리 보급될 정도였대요.

어처구니 당시 서양의 세계 지도에는 중국이 동쪽 끝에 그려져 있었는데 왜 〈곤여만국전도〉에서는 중국을 가운데에 놓았을까요?

오리짱 리치가 중국인들의 자존심을 배려하고 선교를 유리하게 하려고 한 것이 아닐까요?

6 세계에서 제일 높은 철탑

1889년은 프랑스 혁명이 일어난 지 100주년이 되는 해였어요. 프랑스 혁명은 왕이 다스리는 시대가 끝나고 시민들이 나라의 주인이 된 중요한 사건이었어요.

프랑스 정부는 이를 기념하기 위해 파리에서 만국 박람회를 열기로 결정했어요. 만국 박람회는 오늘날의 엑스포(EXPO)와 같이 세계 여러 나라의 발명품과 최신 기술을 볼 수 있는 전시회였어요.

박람회의 진행을 맡은 위원들은 박람회에 오는 세계 여러 나라 사람들에게 어떻게 하면 깊은 인상을 심어 줄 수 있을지 고민했어요.

"박람회를 홍보할 수 있으면서 파리를 대표하는 건축물을 만드는 것이 어떻겠습니까?"

위원들 중 한 명이 벌떡 일어서며 말했어요.

"그래요. 프랑스의 발달된 철강 산업을 보여 줄 수 있도록 철로 만든 건축물을 세웁시다."

귀가 번쩍 뜨인 위원장이 말했어요.

"좋습니다. 설계도를 공모해서 시민들의 관심을 끌어내도록 합시다."

그리하여 전국에 공모전을 알리는 포스터가 붙었고 수많은 사람들이 자신의 설계도를 제출했어요. 그중에는 건축 회사를 운영하는 구스타브 에펠의 설계도도 있었지요.

'세계에서 가장 높은 철탑을 만들어 보겠어.'

에펠은 세계에서 최고로 높은 탑을 만들겠다고 다짐했어요.

드디어 공모전 결과를 발표하는 날이 돌아왔어요.

"구스타브 에펠의 300미터에 달하는 철탑이 채택되었습니다."

에펠은 자신의 설계도가 당선되었다는 발표에 크게 기뻐했어요.

그런데 이게 웬일이에요. 위원회가 공사비로 지급할 수 있는 돈이 턱없이 부족했던 거예요. 에펠은 머릿속이 하얘졌어요.

'여기서 포기할 수는 없어.'

에펠은 모자라는 돈을 자신의 재산으로 부담하기로 했어요. 그 대신에 앞으로 20년간 철탑이 벌어들일 입장료와 임대료 등을 자신의 회사에서 갖는 것으로 했어요.

에펠은 서둘러 철탑을 세우기 시작했고, 어느새 철탑은 웅장한 모습을 드러내기 시작했어요.

그런데 예상과 달리 파리 한복판에 우뚝 솟은 철탑에 대해 비판하는 사람들이 많았어요.

"파리에 저런 거대한 가로등을 세우다니 정말 비극적인 일이야."

"예술의 도시 파리의 이미지를 해치는 추악한 철 덩어리예요."

철탑에 대한 비판의 말을 전해들은 에펠은 몹시 안타까워했어요. 하지만 꿋꿋하게 마무리해서 마침내 자신의 이름을 딴 에펠탑을 완성했어요.

파리 만국 박람회가 개최되자 세계 여러 나라에서 방문객들이 모여들었어요. 그들은 에펠탑을 보며 믿을 수 없다는 표정으로 말했어요.

"놀랍군요. 이것을 정말 철로 만들었단 말입니까?"

"파리의 철강 산업은 정말 대단해요."

에펠탑이 완성되고 호평을 받자 그동안 반대의 목소리를 높였던 사람들도 아낌없는 찬사를 보냈어요.

박람회 기간 동안 수많은 방문객들이 에펠탑을 방문했어요. 그리고 그 수익금으로 에펠은 자신이 부담한 돈을 금세 벌어들일 수 있었답니다.

에펠탑 에펠탑은 프랑스 혁명 100주년을 기념하여 세워진 철탑이에요. 건축가인 구스타브 에펠이 21개월 만에 완성한 300미터 높이의 에펠탑은 당시 인공 건조물로서는 세계 최고의 높이였어요. 에펠탑은 파리의 경관을 해친다는 이유로 철거될 뻔했지만 안테나를 군사용으로 사용하게 되면서 철거가 취소됐어요. 전쟁 때문에 수많은 문화재가 파괴된 가운데, 에펠탑은 오히려 전쟁 때문에 그 모습을 유지할 수 있었던 거지요.

7 한 칸 한 칸 수백만 개의 돌로 쌓은 신비의 공간

"나의 무덤을 만들어라!"

쿠푸 왕은 신하들에게 자신의 영혼이 머무를 피라미드를 건설하도록 명령했어요. 쿠푸 왕은 기원전 26세기 무렵 이집트의 파라오였어요.

쿠푸 왕의 피라미드 건설 현장은 이집트의 수도인 카이로에서 남서쪽으로 13킬로미터 정도 떨어진 곳에 있었어요.

수만 명의 이집트 사람들이 피라미드 건설 현장으로 몰려들었어요. 마침 나일강의 물이 범람해 농사를 지을 수 없었기 때문에 한가해진 농민들이 많았어요.

"또 나일강이 넘쳐서 농사를 지을 수가 없구먼."

"그러게 말일세. 나는 작년에 논바닥의 경계선을 딱 맞춰 그려 놨었는데, 이번 홍수 때문에 선이 지워져서 다시 그려야 한다네."

나일강의 범람은 이집트에 해마다 찾아오는 관례와 같았어요.

그러나 물이 넘치는 양이 많지 않고 또 그 주기가 규칙적이어서 막대한 피해를 주지는 않았어요. 오히려 농토를 기름지게 해 주어 땅을 비옥하게 만들고, 결과적으로는 이집트의 문명이 발전할 수 있게 도와주었지요. 그중 한 예로 홍수가 지나간 뒤 지워진 토지의 경계선을 다시 그리면서 고대 이집트에서는 측량술과 기하학이 발전한 거예요.

"그나저나 점심시간인데, 밥은 안 주나?"

돌을 나르던 한 인부가 말했어요.

"오늘도 식단은 빵과 무, 양파, 마늘이라네. 으 질린다, 질려."

"그래도 신성한 음식이니, 맛있게 들게."

피라미드를 짓는 인부들에게는 식량으로 마늘, 양파 등을 주었어요. 마늘과 양파는 열과 에너지를 발생시켜서 힘을 쓰는 데 도움을 주고, 또한 저승과 관련이 있다고 믿어 신성시하는 음식이었어요. 훗날 이집트 상형 문자로 남겨진 기록에 따르면, 이때 인부들이 먹었던 양은 은 1,600달란트(고대 이집트 지역에서 쓰던 화폐 단위)에 달했다고 해요.

20여 년 동안 10만 명 이상의 사람들이 쿠푸 왕의 피라미드를 짓는 데 동원되었어요.

고대 이집트인들은 왕이 죽으면 하늘로 올라가 별이 되어 태양신과 함께 하늘을 돌아본다고 믿었어요.

그리하여 피라미드를 왕의 무덤이라 여기고 왕이 피라미드에 올라 하늘에 닿을 수 있기를 바랐지요.

수많은 이집트인들의 노력으로 쿠푸 왕의 피라미드는 매우 거대하면서도 체계적인 모습을 갖추어 갔어요. 그리고 마침내 사막의 뜨거운 태양 아래서 웅장한 자태를 드러냈지요.

피라미드 안은 긴 터널과 복도, 왕의 방, 왕비의 방, 내려가는 통로, 올라가는 통로, 수평 통로, 환기구 등 매우 복잡한 구조로 이루어졌어요. 과학 기술이 발달하지 않았던 고대의 사람들은 어떻게 이토록 거대하고 정교한 피라미드를 만들었을까요? 피라미드의 건축 방법은 아직까지도 풀리지 않은 미스터리랍니다.

쿠푸 왕의 피라미드는 지금까지 이집트에 남아 있는 70여 개의 피라미드 가운데 가장 규모가 커서 '대피라미드'라고도 불려요. 엄청난 규모와 복잡한 내부 때문에 세계 최대의 건축물이자 세계 7대 불가사의 가운데 하나로 꼽힌답니다.

쿠푸 왕의 피라미드 이집트 기자에 있는 피라미드와 스핑크스는 인류가 만든 가장 큰 건축물이에요. 이집트의 피라미드 가운데 가장 큰 것은 기원전 2551년부터 2528년 사이에 세워진 쿠푸 왕의 대피라미드로, 높이가 무려 147미터예요. 모두 230만 개의 석회암 돌로 지어졌는데, 돌 하나의 무게가 15톤에 이르는 것도 있지요. 놀랍게도 피라미드의 모서리는 나침반의 동서남북 표시와 정확히 일치한답니다.

카이로 박물관장을 만나다

기자 관장님! 쿠푸 왕의 피라미드는 정말 크고 정밀하군요. 오죽하면 외계인이 만들었다는 말이 있겠습니까! 도대체 높이가 얼마나 됩니까?

박물관장 원래는 약 147미터 정도 되는데, 꼭대기 부분이 파손되어서 현재 높이는 137미터 정도 됩니다. 밑변은 230미터에 이르고 평균 무게 2.5톤의 돌 230만 개를 쌓아 올려 만들었지요.

쿠푸 왕의 피라미드(ⓒBerthold werner)

기자 정말 대단하군요. 그런데 피라미드 안으로 들어가는 입구가 조금 특이하던데요?

박물관장 잘 보셨습니다. 지금 사용하는 문은 오래전, 도굴꾼에 의해 파인 것입니다. 원래는 북쪽 면의 열세 번째 층에 입구가 있답니다.

기자 도굴을 하려고 피라미드에 구멍을 내다니, 이건 정말 문화재에 대한 테러 행위예요. 그런데 관장님이 판단하시기에 피라미드에서 가장 중요한 곳은 어디입니까?

박물관장 당연히 피라미드의 주인공이 모셔진 파라오의 무덤이겠지요. 왕의 방이라고도 불리는 이곳은 높이 8.5미터의 거대한 복도(대회랑)를 지나면 나타납니다. 온통 화강암으로 뒤덮인 방 안에는 역시 화강암으로 만든 관이 놓여 있습니다.

기자 그렇군요. 이 거대한 피라미드를 쌓은 고대인들이 정말 대단하게 느껴집니다. 지금까지 4500년 전에 만들어진 신비로운 유물, 쿠푸 왕의 피라미드에 대해서 알아보았습니다.

각 나라의 풍속 진기록

1 외과 의사였던 중세의 이발사

"메야나 킬, 잘 지냈나?"

1540년의 어느 날, 프랑스 파리에 있는 이발소 안으로 한 신사가 들어왔어요.

"오랜만이군요. 잘 지내셨습니까?"

솜씨 좋은 이발사 메야나 킬은 신사를 반갑게 맞이했어요. 그는 울먹거리는 소년의 이를 뽑으려던 참이었어요.

"간판을 바꿨나 보군?"

신사는 이발소 입구에 세워진 둥근 막대기를 보고 말했어요. 막대기에는 빨간색과 파란색, 그리고 하얀색이 칠해져 있었어요. 마치 오늘날의 프랑스 국기처럼 보였지요.

"어제 바꿨습니다. 빨강, 파랑, 하양 색깔 하나하나에 의미를 담아서 막대기를 칠했답니다."

메야나 킬은 순간 말을 멈추더니 있는 힘껏 실을 잡아당겼어요.

"으아악!"

어느새 메야나 킬의 손에는 소년의 이가 들려 있었어요.
"그나저나 오늘 손님들이 많아서 어떻게 하죠? 앞으로 두 명은 더 수술해야 하거든요."
메야나 킬은 곤란한 표정을 지으며 신사의 대답을 기다렸어요.
"괜찮네. 여기에 앉아서 좀 기다리겠네."
"심심하시면 저희 집 간판에 칠해진 색깔이 무엇을 의미하는지 알아맞혀 보세요. 맞히시면 제가 공짜로 면도를 해 드리지요."
메야나 킬의 제안에 신사는 귀가 솔깃해졌어요.
"그거 재미있겠구먼! 자네 제안을 받아들이겠네."
메야나 킬은 다음 손님 앞으로 갔어요. 손님의 증상을 확인한 그는 조수에게 무언가를 지시했어요. 이윽고 조수는 거머리가 가득 담긴 접시를 가지고 왔어요.
"조금 따끔하실 겁니다. 하지만 이렇게 해야 병이 없어집니다."
메야나 킬은 환자를 안심시키고 거머리를 상처에 올려놓았어요. 그 광경을 지켜보던 신사는 자신의 배 속에 벌레 떼가 스멀거리는 듯한 기분이 들었어요. 신사는 고개를 흔들며 문제를 맞히기 위해 신경을 집중했어요.
"빨간색은 피 아닐까? 그러면 파란색은?"
이때 믿을 수 없는 광경이 눈앞에 펼쳐졌어요. 메야나 킬이 칼을 들고 환자의 발가락 하나를 자르려는 거예요. 발가락이 잘려 나간 환자의 눈은 이미 흐리멍덩해졌어요. 신사는 속이 울렁거리고 식은땀이 흘러내렸어요.

수술을 마친 메야나 킬이 조수에게 말했어요.

"해가 지면 독한 술을 더 가져와 환자에게 주게."

당시에는 마취제가 없었기 때문에 환자들이 독한 술을 마시며 고통을 이겨 냈던 거예요.

손을 씻은 메야나 킬이 신사에게로 타박타박 걸어왔어요.

"어떻게 문제는 잘 푸셨습니까?"

신사는 침을 꼴깍 삼키며 고개를 좌우로 흔들었어요.

"그래도 오랫동안 기다리셨으니 면도는 공짜로 해 드리겠습니다."

메야나 킬이 방금 전에 사용한 칼을 신사의 턱에 들이댔어요. 그러자 신사는 몸서리를 치며 말했어요.

"난 머리카락만 다듬어 주게. 다른 것은 사양하겠네."

신사는 머리카락을 다듬는 내내 무릎을 후들후들 떨었어요.

메야나 킬이 간판에 칠한 빨간색은 동맥, 파란색은 정맥, 하얀색은 붕대를 의미한 것이었어요. 이때부터 이발소의 상징으로 삼색 원기둥이 사용되었답니다.

중세 시대의 이발사 중세 유럽에서는 이발사가 외과 의사 역할까지 겸해서 했어요. 이발사는 면도와 이발뿐만 아니라 피를 빼거나 종기를 째서 고름을 짜 내는 등 사람들을 치료하는 일도 같이했어요. 심지어 사람의 몸을 해부하기도 했지요. 18세기까지도 이발사가 의사를 겸업했지만 1804년 프랑스의 장 바버라는 최초의 전문 이발사가 등장하면서 이발사와 의사가 별도의 전문직으로 분화됐답니다.

근대 해부학의 창시자 베살리우스 교수를 만나다

기자 오늘은 해부학의 아버지로 명성이 자자하신 안드레아스 베살리우스 교수님을 모셨습니다. 물리학에 뉴턴이 있다면 해부학에는 베살리우스가 있다고 하던데요?

베살리우스 아마도 제가 1543년에 집필한 『인체 해부학 대계』라는 책 때문에 그런 말이 나온 것 같습니다. 당시에는 의대 교수나 학생들은 해부학 수업 때 설명과 관찰만 하고, 직접 해부하는 것은 이발사들이 했어요. 천한 직업이었던 이발사들이 거북하고 지저분한 일을 맡았던 거죠. 그런데 저는 제 손으로 직접 인체를 해부하며 책을 쓴 거예요.

기자 책의 표지 그림이 의미하는 건 무엇인가요?

베살리우스 표지에 나온 그림은 해부하고 있는 모습을 나타냅니다. 가운데에서 해부를 직접 하는 사람은 바로 접니다. 그리고 탁자 밑에 앉아 있는 사람들은 모두 이발사들이고요. 그러니까 이발사들은 해부를 하는 데 더 이상 낄 자리가 없다는 것을 상징적으로 나타낸 그림이지요.

기자 중세 시대에 이발사들이 해부를 하던 관행이 베살리우스 교수님 이후로는 차츰 사라지게 된 거로군요. 인터뷰에 응해 주셔서 감사합니다.

안드레아스 베살리우스

『인체 해부학 대계』의 표지

2 손바닥만 한 발을 가진 여인들

"어머니, 발이 너무 아파요."

여섯 살이 된 링링은 자신의 발을 쳐다보며 고통스러워했어요. 왜냐하면 링링은 전족을 하기 시작했거든요. 전족이란 일부러 여자의 발을 묶어 자라지 못하게 하던 중국의 옛 풍습이에요.

"링링, 나중에 좋은 집에 시집가려면 전족은 필수야!"

어머니는 어린 딸이 안쓰러우면서도 어쩔 수 없다는 표정이었어요. 엄지발가락을 뺀 링링의 나머지 발가락들은 천으로 꽁꽁 감겨 있었어요. 네 개의 발가락은 발바닥 쪽으로 구부려서 조그만 신에 고정시켰어요.

링링의 언니 칭칭은 이미 전족이 완성된 발을 갖고 있었어요. 칭칭은 코가 뾰족하고 바닥이 움푹 들어간 작은 신발을 신고 있었어요. 마치 아기들이 신는 작은 신발처럼 앙증맞아 보였지요.

여자들이 고통을 감수하고 전족을 하는 이유는 중국 남자들 때문

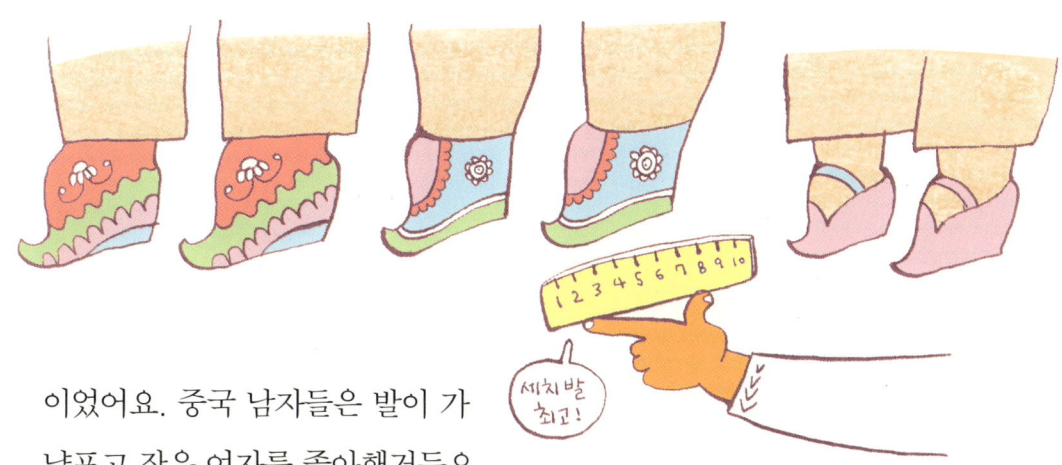

이었어요. 중국 남자들은 발이 가냘프고 작은 여자를 좋아했거든요.

"칭칭에게 전족을 해 주던 때가 엊그제 같구나."

어머니는 과거를 떠올리며 이런저런 얘기를 늘어놓았어요.

"그때 옆 마을에서 한바탕 소동이 있었지."

칭칭과 링링은 궁금한 얼굴로 서로를 쳐다보았어요.

"어떤 신랑이 첫날밤 신부의 발을 본 거야. 그런데 발이 크고 뚱뚱하자 신랑은 화가 나 밖으로 나가 버렸대."

어머니가 말을 마치자 두 자매는 자신의 발을 쳐다보았어요. 언니 칭칭은 신발을 벗더니 자신의 발을 뚫어져라 쳐다보았어요.

"어머니, 제 발은 어때요? 나중에 신랑이 제 발을 보고 도망치면 어쩌지요?"

"칭칭, 걱정 마. 네 발은 세상에서 가장 작고 아름다운 세 치 발이니까!"

당시 중국에서는 얼굴이 예뻐도 전족을 하지 않거나 발이 크면 혼인을 하기가 어려웠어요. 반대로 얼굴은 예쁘지 않아도 발이 작고 예쁘면 미인으로 인정받았지요. 그중에서도 세 치 신발

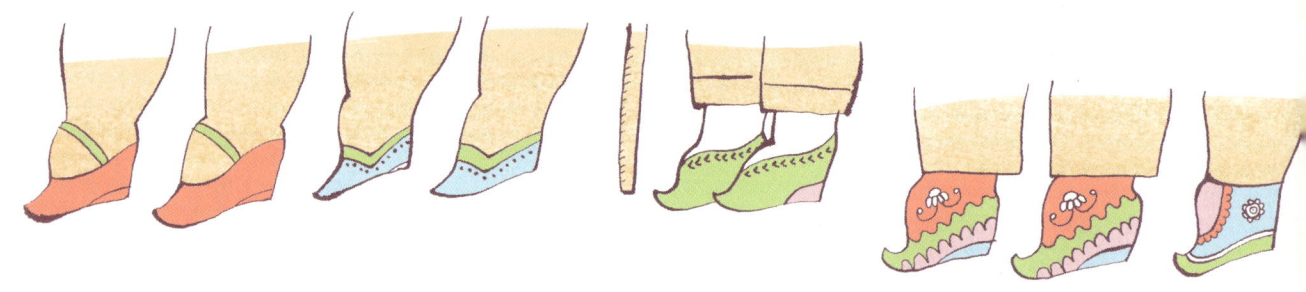

을 신은 여인을 최고 미인으로 대접해 주었어요. 한 치가 3센티미터 정도니까 세 치는 10센티미터도 안 되는 길이예요.

"전족이 완성되었다고 해도 꾸준히 관리하지 않으면 발은 원래대로 돌아가니 주의해야 해. 발은 평생 천으로 동여매고 있어야 하지만, 적어도 삼 일에 한 번씩은 천을 풀어 발을 씻기고 발톱도 깎아 주어야 한단다."

어머니는 발을 어떻게 관리해야 하는지 딸들에게 설명했어요.

"사실 오랫동안 서 있기도 불편할 거야. 하지만 링링, 익숙해져야 해."

전족을 한 여인들은 작은 발로 몸을 지탱하기가 어려웠어요. 그래서 지팡이를 이용하거나 다른 사람의 부축을 받아야만 했어요. 그런 도움마저 받을 수 없을 때는 무릎으로 걷거나 꿇어앉아 일을 해야만 했답니다.

 **전족** 중국의 풍습인 전족 때문에 여성들은 발에 염증이 생겨 죽기도 했어요. 가장 보기 좋다는 전족의 길이는 발끝부터 뒤꿈치까지 10센티미터 정도였는데, 이는 제대로 걷기는커녕 바로 서기조차 힘든 길이였지요. '작은 발 한 쌍에 눈물 두 항아리'라는 말이 있을 정도였어요. 명나라 때 특히 성행했던 전족은 때때로 금지령이 내려져 쇠퇴하다가 현재는 중국에서 거의 사라진 상태랍니다.

◀ ▶ 전족이나 코르셋이나 그게 그거지!

영국의 신문사 기자가 청나라의 관리인 고홍명을 만났어요.

영국 기자 중국의 풍속에 전족이란 게 있던데, 여인들이 작은 발에 온 몸의 체중을 실어야 하니, 이는 인체 구조에 매우 어긋나는 겁니다.

고홍명 인체 구조를 비정상적인 모양으로 만든 건 중국만 그런 건 아닙니다. 17~18세기 영국에는 여성들의 허리를 졸라매는 풍조가 있지 않았습니까? 코르셋을 이용하여 여인의 허리를 개미허리처럼 졸라맸지요. 이것도 인체 구조를 비정상적으로 만든 경우가 아닌가요?

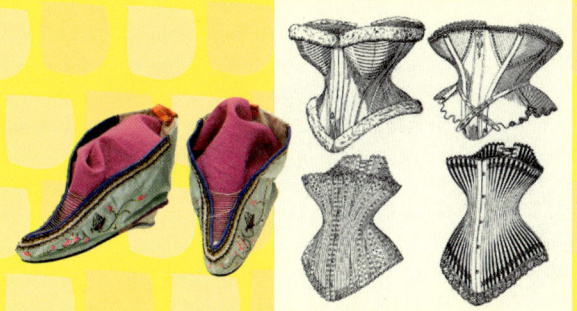

전족 신발(ⓒDaniel Schwen)과 코르셋

안티전족 전족이나 코르셋은 아름다움에 대한 잘못된 생각이 만들어 낸 거예요.

여당당 중국의 문화나 영국의 문화 모두 그 나라의 문화로서 존중해야 합니다. 하지만 신체를 기형으로 만들면서까지 미의 기준을 맞추려고 하는 것은 잘못된 방법이라고 생각합니다.

3 매를 많이 맞아야 좋은 신랑감

"으으윽……."

어느 집 앞에서 한 남자가 몽둥이로 매를 맞고 있었어요. 이를 꽉 깨문 남자는 너무 아파 비명이 나오려는 것을 꾹 참고 있었어요.

그런데 뭔가 이상한 점이 있었어요. 몽둥이로 때리는 사람도 매를 맞는 사람도 피식피식 웃는 거예요.

"아저씨! 살살 때려 주세요. 이러다 골병 나겠어요."

매를 맞던 남자가 고개를 돌려 짐짓 태연한 표정으로 말했어요.

"좋은 여자를 만나 결혼하려면 안 되지, 안 돼!"

몽둥이를 든 아저씨는 있는 힘껏 젊은이를 때렸어요.

이것은 아프리카의 결혼 풍속이었어요. 아프리카에 사는 브라니족은 '아프리카의 집시'라고 불리는 유목 민족이에요. 그들에게는 독특한 결혼 풍속이 있었는데, 바로 예비 신부들이 신랑감을 고를 때 몽둥이로 많이 맞은 사람을 고르는 거였어요.

브라니족의 남자들은 명절 때마다 몽둥이에다 매로 맞은 만큼 기호를 표시했어요. 브라니족의 예비 신부들은 몽둥이에 표시가 많은 청년을 골랐어요. 그래서 매질을 제일 잘 참은 젊은이는 여러 명의 신부를 거느리기도 했으며 어떤 추장은 수십 명을 부인으로 거느리기도 했지요.

"잠깐만요! 좀 쉬었다가 맞을게요."

젊은이는 매 맞은 부위를 손으로 만지작거리며 얼굴을 찡그렸어요.

"그녀를 얻기가 이렇게 어려울 줄이야!"

젊은이는 긴 한숨을 내쉬며 말했어요.

"자네, 지난번 프러포즈에도 실패했다며? 그러게 내가 뭐라고 했나? 매를 많이 맞아야 여자가 좋아한다고 했지! 참을성 있는 남자가 미인을 얻는다 이 말일세."

아저씨는 매를 맞아야 한다는 말에 특히 힘을 주어 말했어요.

"그럼 아저씨는 용감하지 못하셨나 봅니다. 크크."

젊은이는 아저씨의 말에 재치 있게 대꾸했어요.

"뭐라고?"

아저씨는 아내의 얼굴을 머릿속으로 떠올렸는지 이내 누그러진 어투로 말했어요.

"그건 그렇고……."

아저씨는 잠시 뜸을 들이더니 말을 이었어요.

"도대체 어떻게 프러포즈를 했기에 퇴짜를 맞았나?"

"마사이족 스타일로 프러포즈를 했는데요, 완전 꽝이었지 뭐예요?"

젊은이의 표정이 금세 딱딱하게 굳어졌어요.

"마사이족 스타일이라면……, 자네 혹시 그녀에게 침을 뱉었나?"

아저씨의 말에 젊은이는 고개를 끄덕였어요. 아저씨는 배를 잡은 채 낄낄대며 웃었어요.

아프리카 동부에 사는 마사이족은 서로 만나면 반가움의 표시로 침을 뱉었어요. 물이 부족한 아프리카에서 물은 너무나 소중했기 때문에 마사이족은 상대방을 소중하게 생각한다는 의미에서 침을 뱉었던 거예요.

"자, 이번엔 꼭 성공하길 바라면서! 다시 시작해 보세."

아저씨는 젊은이가 꼭 프러포즈에 성공하기를 바랐어요. 젊은이도 벌떡 일어나 매 맞을 준비를 했답니다.

아프리카의 브라니족 아프리카에서 네 번째로 큰 부족인 브라니족은 일부다처제의 혼인 풍속을 가지고 있어요. 대부분의 브라니족 남성은 수탉 여덟 마리와 암탉 일곱 마리를 들고 여성의 집에 가서 청혼을 해요. 여성이 이 예물을 받아들이면 혼인이 성립되지요. 또한 브라니족에겐 몽둥이로 때리는 혼인 풍속도 있는데, 몽둥이에 맞은 표시가 많다는 것은 좋은 신랑감이자 사회적인 지위를 인정받는 사람이란 증거가 된답니다.

세계의 특이한 결혼 풍속 — 세계의 신부들

중국

중국의 소수민족인 묘족은 결혼식 때 첫 순서로 닭을 죽이는 의식부터 행한다. 신부의 부모가 한 사람을 지정해 닭을 죽이는데, 이때 칼을 대지 않고 닭을 죽여야 하며 피를 흘려서도 안 된다. 닭이 죽으면 닭 털을 불에 태우고 내장을 뺀 다음 끓는 물에 담갔다가 꺼낸 후 닭의 눈을 본다. 이때 닭이 눈을 감고 있어야 하며 눈을 뜨고 있으면 결혼은 취소된다.

티베트

네팔 서북부에 있는 티베트 고산지대에 살고 있는 사람들은 세계에서 아주 희귀한 결혼 형태인 일처다부제를 행하고 있다. 티베트 사람들에게 일처다부제는 아주 오래된 전통이다. 이들은 보통 두서너 명의 형제들이 한 명의 아내를 데려와 함께 산다. 자식이 어떤 형제의 자녀인지 따지지도 않으며 아이들도 누가 자신의 친부인지 알려고 하지 않는다.

인도

인도에는 '다우리'라고 불리는 지참금 제도가 있다. 지참금이란 신부의 부모가 딸의 결혼 선물 또는 유산의 일부로써 주는 돈을 의미한다. 신부가 지참금을 준비 못하면 신랑의 집안으로부터 학대를 받기도 한다. 그래서 인도에서는 여자아이를 낳지 않으려고 한다.

4 벽난로와 창문에도 세금을 내시오

"왕명이요. 창문이 여섯 개가 넘게 달린 집은 세금을 내시오."
세금을 걷는 세리들이 담벼락에 새로운 법령을 붙이며 소리쳤어요.
영국의 왕 윌리엄 3세는 전쟁에 필요한 돈을 확보하기 위해 창문세를 만들었어요. 그러자 영국 국민들은 이에 분노했어요.
"정말 어이가 없구먼! 이제는 창문에도 세금을 매긴단 말인가!"
친구와 함께 길을 지나던 앤드류가 어이없다는 듯 말했어요.
"얼마 전까지는 벽난로가 있는 집에 화로세를 내라고 하지 않았나!"
앤드류는 그때를 떠올리며 손을 불끈 쥐었어요.
"얼마 전에는 세리가 찾아와 문을 열어 주었더니 내 허락도 없이 집 안으로 들어오는 것이 아니겠나! 당신이 뭔데 내 집에 들어오냐고 따지니까 글쎄, 벽난로가 있는지 확인하러 들어왔다는 거야. 내 집에는 벽난로가 없으니 나가라고 했다네!"

"이번엔 창문세군!"

"화로세가 나았어."

볼링공처럼 커진 앤드류의 눈에서 벌건 핏줄이 생겨났어요.

"그랬군. 나도 자네와 비슷한 일을 겪었다네. 내 집에는 벽난로가 두 개나 있었지. 그래서 화로세로 4실링을 냈다네."

화로세는 벽난로 한 개당 2실링(당시 영국의 화폐 단위)을 내도록 만든 세금이었어요.

"화로세 때문에 옆집에 살던 사람은 벽난로를 떼어 냈지. 그러자 무지 추워서 참다 못해 집 안에서 모닥불을 피우더군! 그런데 모닥불 불씨 때문에 집에 불이 옮겨붙었고, 결국 집을 통째로 태워 먹어서 거리에 나앉았다니까!"

앤드류는 친구의 말에 고개를 저으며 혀를 쯧쯧 찼어요.

"휴, 화로세가 없어졌다고 하기에 좋아했었는데 이제는 창문세를 내라니!"

친구는 한숨을 길게 내쉬었어요.

"하긴, 자네 집은 창문도 꽤 많더구먼. 그래도 세리들이 집 안으로 밀어닥치는 일은 없을 걸세. 밖에서도 창문의 수를 셀 수 있을 테니까!"

세리들은 집 밖에서도 창문의 개수를 쉽게 파악할 수 있어서 세금도 쉽게 걷을 수 있었지요.

친구가 계속 걱정스러운 표정을 짓자 앤드류가 말했어요.

"창문을 없애 버리게!"

앤드류의 눈빛이 예리하게 반짝였어요.

"창문을 없애라고?"

친구가 의아한 표정으로 앤드류를 보았어요.

"그래, 그러면 세금을 내지 않아도 되잖나?"

"일곱 개부터 세금을 매기니까 창문을 여섯 개까지만 남겨 두게. 그리고 나머지 창문은 모두 벽돌로 막아 버리는 거야!"

앤드류는 흥분한 목소리로 친구에게 설명을 늘어놓았어요. 비로소 친구는 답을 찾은 듯 환하게 웃었어요.

1696년, 윌리엄 3세가 창문세를 만들자 세금을 내기 싫었던 사람들은 창문을 없애 버렸어요. 그리고 새 건물을 지을 때, 처음부터 창문을 달지 않기도 했지요. 창문에 부과된 세금을 내지 않으려면 어둠을 선택할 수밖에 없었답니다.

화로세와 창문세 화로세는 17세기 영국의 조세 수입 가운데 10퍼센트 이상을 차지했어요. 하지만 세리들의 무분별한 주거 침입 때문에 화로세는 폐지되었고, 그 후 8년 만에 창문세가 신설됐지요. 여섯 개가 넘는 창문을 가진 집은 세금을 내야 했으며, 창문의 개수에 따라 액수가 달랐어요. 그 당시 창문세를 피하기 위해 사람들이 건물의 창문을 없애면서 지금도 영국에서는 창문이 없는 옛 건물을 많이 볼 수 있답니다.

세상에 이런 세금도 있었어?

수염세

1712년, 러시아의 표트르 대제는 서구의 발달된 문물을 적극적으로 받아들이기 위해 러시아 남자들에게 긴 수염을 깎도록 했대요. 긴 수염은 예전의 러시아를 상징하는 것으로서 이것을 깎으라는 것은 새로운 문물을 받아들이라는 의미였죠. 그러나 귀족들은 '수염은 신께서 주신 것이므로 자르지 못하겠다'며 반대했대요. 이에 표트르 대제는 그럼 수염을 기르는 대신에 수염세를 내라고 했죠. 결국 사람들은 세금을 내기 싫어 수염을 깎기 시작했답니다.

오줌세

1세기경, 로마의 베스파시아누스 황제는 군대를 유지하기 위해 오줌세를 만들었대요. 오줌세는 오줌을 누는 사람이 아니라 양털로 옷감을 만드는 사람들에게 내라고 한 세금이에요. 당시에는 양털로 만든 옷감의 기름을 빼는 데 오줌을 사용했거든요. 공중화장실에서 나온 공짜 오줌을 사용했던 옷감을 만드는 사람들에게 오줌세를 내게 한 거랍니다.

구레나룻짱 헉! 옛날 러시아에 살았으면 큰일 날 뻔했네!
오스카 별 희안한 세금어 다 있었군요. 세금이야? 벌금이야?
라이미 어쨌든 국민을 위해 존재하는 나라가 과도한 세금으로 국민을 힘들게 하면 안 돼요.

5 중세 유럽의 치약은 오줌

"아아! 이가 너무 아파요."

안젤라는 치통 때문에 고통스런 표정을 지었어요.

"안젤라! 아~ 해 보렴."

어머니는 한 손으로 코를 막은 채 안젤라의 입 안을 들여다보았어요. 한참을 살피던 어머니는 고개를 설레설레 흔들었어요.

"뽑아야겠는걸! 그러게 제때 치료했음 좋았잖니."

어머니는 자신을 원망하지 말라는 눈빛으로 말했어요. 그러자 안젤라가 대답했어요.

"예전에 다른 이 치료 받았을 때 정말 죽는 줄 알았단 말이에요. 쇠줄로 이를 간 것까지는 참을 만했어요. 그런데 이에 이상한 용액을 부으니까 머리가 쭈

뼛 설 정도로 아팠단 말이에요. 그 뒤로 이가 얼마나 시렸는지 아세요?"

안젤라는 그때를 떠올리며 입을 삐죽 내밀었어요. 안젤라의 이에 부은 용액은 바로 질산이었어요. 중세 시대에는 썩은 이를 쇠줄로 깎아 낸 다음 질산을 두껍게 발라 치료했어요. 아라비아에서 들여온 질산은 금속을 녹일 정도로 강한 용액이었어요. 중세 시대 사람들은 이러한 치료 방법이 제대로 된 방법이라고 생각했어요. 그러나 이 방법은 이를 녹게 만드는 아주 위험한 방법이었지요.

"뽑기도 싫다, 치료 받기도 싫다, 그럼 나보고 어쩌란 말이니?"

어머니는 인상을 잔뜩 찌푸리며 말했어요.

안젤라는 애써 마음을 진정시키고는 어머니의 눈치를 살피며 조심스럽게 말했어요.

"그래서 말인데요. 포르투갈산 오줌 치약 좀 사 주시면 안 돼요?"

중세 시대 사람들은 치약으로 오줌을 사용했어요. 오줌을 잘 말려서 가루로 만든 다음 그것으로 이를 닦았지요. 그중에서도 포르투갈산 오줌은 최고로 쳐 주었어요. 포르투갈산 오줌은 당시 유럽의 귀부인들에게 가장 사랑받는 인기 품목이었어요.

"뭐라고? 오줌이 다 같은 오줌이지, 포르투갈산은 뭐가 다르니? 잔말 말고 내가 우리 가족 오줌을 정성스럽게 말릴 테니 그것으로 이를 닦아 보거라."

"포르투갈산 오줌 치약은 농도가 짙어서 이를 닦으면 이가 하얘지고 잘 썩지도 않는단 말이에요."

실제로 오줌에는 이를 깨끗하게 해 주는 암모니아 성분이 들어 있어요. 오늘날 치약에도 암모니아 성분이 들어가지요.

"어머니, 혼인하기 전에 저에게 주시는 마지막 선물이라고 생각하시면 안 돼요?"

안젤라는 끝까지 포기하지 않고 매달렸어요. 어머니는 어쩔 수 없다는 듯 누그러진 어투로 말했어요.

"그래, 알았다! 자!"

포루투갈산 오줌을 얻은 안젤라는 구름에라도 올라탄 듯 싱글벙글했답니다.

치약의 역사 고대 이집트 의학서에는 치약의 성분으로 빈랑나무를, 치아를 닦는 데 부싯돌을, 향기를 내는 데 꿀과 유향을 사용했다고 기록돼 있어요. 한편 중세 로마의 귀족들은 오줌으로 이를 닦으면 치아가 건강해진다고 믿었지요. 돼지 털로 만든 칫솔에 소금이나 모래를 묻혀서 사용하기도 했어요. 그러다 1860년경 영국에서 분말 형태의 치약이 개발되면서 근대 치약의 기원이 되었답니다.

옛날엔 어떤 칫솔을 썼을까?

6 온몸으로 절하고 시체를 독수리 먹이로

열여섯 살이 된 룹상은 아버지를 따라 산을 넘고 있었어요. 룹상의 아버지는 차로 물건을 나르는 티베트 상단의 일원이었어요.

"옴 마니 밧메 훔! 옴 마니 밧메 훔!"

그때 어디선가 불경 소리가 들렸어요. 소리가 나는 곳으로 고개를 돌리자 한 승려가 세 걸음마다 한 번씩 절을 하고 있었어요.

"아버지, 저 승려는 왜 길에서 저렇게 절을 하고 있는 거예요?"

룹상은 길에서 절을 하는 승려의 행동이 마냥 신기했어요. 승려는 손에 나무 장갑을 끼고 가죽으로 만든 앞치마를 걸치고 있었으며 무릎에

는 보호대를 착용하고 있었어요. 그리고 온몸을 뻗어 이마를 바닥에 찧으며 절을 했어요.

"오체투지를 하고 있는 거란다. 오체투지란 양 무릎과 팔꿈치, 이마 등 신체의 다섯 부위를 땅에 닿게 하는 절이야. 자기 자신을 최대한 낮추어 부처를 존경한다는 의미로 큰절을 하는 것이지."

"아마 라사까지 가는 데 1년은 족히 걸릴 거다."

아버지의 말에 룹상은 승려를 가련하게 쳐다보았어요.

티베트 사람들은 일생 중 꼭 한 번은 라사에 가야 한다고 생각했어요. 라사에는 티베트 사람들이 가장 성스러운 사원으로 여기는 조캉 사원이 있었거든요.

이때 어디선가 나타난 독수리 떼가 룹상의 머리 위를 빙빙 돌고 있었어요.

"독수리다, 독수리!"

룹상은 신이 나서 양손으로 날갯짓을 했어요. 독수리 떼는 상단과 가까운 곳에 무리 지어 있었어요. 호기심이 강한 룹상은 독수리 떼가 있는 곳으로 살금살금 다가갔어요.

독수리 떼가 있는 곳을 향해 가자 몇몇 사람들이 자루에서 무언가를 꺼내고 있었어요. 놀랍게도 자루에서 나온 것은 죽은 사람의 시신이었어요.

화들짝 놀란 룹상이 뒤를 돌아보자 아버지가 쉿, 하며 룹상이 소리치지 못하도록 입을 막았어요.

"룹상, 우리나라에서는 옛날부터 천장이라는 장례를 지냈단다. 하늘에 장례를 치른다는 뜻의 천장은 시신을 독수리 먹이로 주는 것이지."

아버지는 조용히 천장에 대해 설명했어요. 승려들이 피운 향냄새가 바람을 타고 콧잔등을 스쳤어요.

얼마 지나지 않아 시신은 뼈만 앙상하게 남았어요. 그러자 신기하게도 독수리들이 잠시 뒤로 물러났어요.

"이제 천장 집행인은 남겨진 뼈를 잘게 부숴 보릿가루와 섞을 거야."

아버지가 말을 마치자 천장 집행인은 기다렸다는 듯이 돌을 들어 뼈를 빻았어요. 그리고 새하얀 보릿가루와 섞어 독수리에게 던져 주자, 다시 독수리들이 몰려와 먹어 치웠어요.

"그런데 왜 독수리들에게 시신을 던져 주는 거예요?"

룹상은 문득 천장을 왜 하는지 궁금해졌어요.

"사람이 죽으면 영혼이 몸을 떠난단다. 그러면 몸은 옷이나 다름없는 거죽일 뿐이지. 신의 사자인 독수리들이 시신을 먹어 없애면 영혼은 하늘나라로 올라간단다. 그러면 죽은 사람은 훗날 다시 태어나게 돼."

티베트인들은 사람이 죽으면 다음에 다시 태어난다고 믿었어요. 그래서 영혼이 떠난 시신은 천장이라는 장례 의식을 통해 자연으로 보냈답니다.

티베트 티베트는 중국 서남쪽 끝에 있는 티베트족 자치구로, 히말라야 산맥에 자리하고 있어요. 이곳은 지구에서 가장 크고 높은 고원지대지요. 티베트는 제2차 세계대전 때 중립을 지켜 독립된 정부가 있었으나 1950년 중국을 장악한 중공군에게 침공당했어요. 1965년에 자치구가 된 티베트 사람들은 주로 농업과 목축업을 하며 살아가고 있답니다.

오체투지를 하는 티베트 승려를 만나다

기자 오늘은 오체투지와 천장 등 다양한 풍속을 가진 티베트의 승려를 만나 보도록 하겠습니다. 티베트는 예부터 중국과 교역을 했다고 들었는데요, 그런가요?

승려 맞습니다. 중국과 교역하던 그 길을 차마고도라고 하지요. 차마고도란 티베트의 말과 중국의 차를 교역하는 옛길이란 뜻입니다. 비단길보다 200여 년 앞서 만들어진 차마고도는 세계에서 가장 오래된 교역로이기도 하답니다.

기자 그렇군요. 차마고도를 따라 티베트에 불교가 퍼져 나가기도 했다면서요?

승려 1천 년 전, 인도에서 온 연화생 대사가 차마고도를 따라 불교를 전파했습니다. 오체투지를 하는 순례자들은 바로 연화생 대사의 길을 따라 티베트의 라사로 향합니다. 라사에 있는 조캉 사원에서 티베트 불교가 시작됐거든요.

기자 그런데 티베트의 천장은 간담을 서늘하게 만드는데요. 도대체 왜 천장과 같은 장례 풍속이 생겨난 것입니까? 그냥 땅에 매장하거나 화장을 하면 안 되는 건가요? 꼭 독수리에게 시체 처리를 맡겨야만 하나요?

승려 티베트는 해발 고도가 4천 미터가 넘는 기후가 서늘한 고산지대입니다. 따라서 땅에 시체를 묻어도 잘 썩지 않고, 나무가 거의 없으니 화장도 불가능합니다. 티베트 사람들은 하늘을 신성시하는데, 죽은 사람의 육체가 하늘로 올라가기 위해서는 독수리의 도움이 필요하다고 생각한 것이지요.

기자 네, 잘 들었습니다. 한 나라의 풍속이 우리와 다르다고 해서 그걸 잘못됐다고 할 순 없지요. 천장은 티베트에 전해 내려오는 민족의 고유한 풍속이랍니다.

7 살고 싶은 자, 목욕 금지

"어제 영주님의 막내딸 안드레아가 죽었다며!"

눈 밑이 시커먼 살바니가 혀를 쯧쯧거리며 말했어요. 살바니는 이탈리아의 피렌체에 사는 농부였어요.

"신의 저주네. 저주가 온 마을을, 아니 나라 전체를 휩쓸고 있다고!"

살바니는 땅이 꺼질 정도로 한숨을 길게 내쉬었어요.

예고 없이 찾아온 전염병으로 피렌체는 죽음의 도시가 되었어요. 매일 아침이면 새로운 시체들의 무덤이 잔뜩 생겨났지요.

이렇게 수많은 사람의 목숨을 빼앗은 것은 흑사병이었어요. 1347년부터 전 유럽으로 퍼져 나간 흑사병 때문에 2,500만 명이 사망했어요. 유럽 인구 세 명 중 적어도 한 명이 흑사병으로 목숨을 잃었지요.

"히익! 자네 목이……."

살바니는 친구의 목을 가리키며 말했어요. 친구의 목에 부어오른 검은 종기가 도드라지게 보였어요.

"왜 그러나? 내 목에 무슨 문제라도?"

친구는 자신의 목에 손을 갖다 댔어요. 그는 목을 만지작거리더니 이내 부풀어 오른 종기를 발견했어요.

"자네, 혹시 흑…… 흑, 사병?"

"아니야, 그럴 리가 없어! 내가 무엇 때문에……."

친구는 망연자실한 표정으로 그 자리에 풀썩 주저앉았어요.

"미…… 미안하네! 나는 그만 집으로 돌아가겠네."

살바니는 급하게 친구의 집을 빠져나왔어요. 조금 더 머물렀다가는 흑사병이 자신에게도 전염될 수 있었거든요. 흑사병에 걸리면 목이나 겨드랑이 등 몸 곳곳에 검은 종기가 났어요. 종기가 생긴 환자들은 어김없이 사나흘 안에 죽었어요.

흑사병이 피렌체를 무자비하게 휩쓰는 동안 의사들과 성직자들이 할 수 있는 일은 기도밖에 없었어요.

그러나 간절한 기도에도 흑사병은 사그라들지 않고 퍼져 나갔어요.

"아버지, 지금 뭐하시는 거예요?"

집에 돌아온 살바니는 김이 모락모락 피어나는 목욕통을 보며 소리쳤어요.

"벼룩 때문에 몸이 근질근질해서 참을 수가 있어야지!"

아버지는 미안한 표정으로 살바니에게 변명을 했어요.

"아버지, 제정신이세요? 살고 싶으면 당장 그 목욕통에서 나오세요."

살바니는 아버지에게 펄펄 뛰며 말했어요.

실제로 프랑스의 파리대학교 의학부 교수들은 흑사병이 생기는 데 목욕도 한 원인이라고 했어요. 목욕을 하면 모공이 열려서 해로운 증기가 빠른 속도로 신체에 침투한다고 말했지요. 이때부터 중세 유럽 사람들은 물에 대한 두려움을 갖게 되었어요.

"저는 아버지 몸에서 고약한 냄새가 나더라도 더 이상 가족을 잃고 싶지 않아요."

그러나 목욕 때문에 흑사병에 걸린다는 생각은 잘못된 것이었어요. 흑사병은 쥐에 기생하는 벼룩을 통해 사람에게 전염되었어요. 벼룩이 쥐로부터 흑사병의 균을 빨아들인 후 사람의 몸을 물 때 옮겨지는 것이었죠.

오히려 몸을 청결하게 하는 것이 흑사병을 예방하는 지름길이었답니다.

흑사병 흑사병은 피부에 검은 반점이 생기기 시작해 며칠 만에 사람이 죽는 무서운 전염병이었어요. 흑사병은 유럽에 큰 변화를 가져왔어요. 1347년~1351년까지 4년 동안 흑사병으로 유럽 인구의 3분의 1이 목숨을 잃었지요. 사람들이 죽자 논과 밭을 경작하기 위한 노동력이 부족해졌고 농노는 신분이 향상됐어요. 이때부터 귀족과 농노의 구분이 엄격했던 봉건제도 점차 무너지기 시작했답니다.

세계를 들썩이게 한 전염병

흑사병의 무서운 폐해

"죽음은 더 이상 남의 이야기가 아닙니다. 죽음은 이제 일상이 되었습니다."

시체 더미를 실은 수레 옆에서 간절히 기도하던 한 성직자의 말이다. 유럽은 페스트라고 불리는 흑사병 창궐로 거리에 시체들이 널려 있었다. 흑사병의 위력은 엄청났다. 흑사병에 걸려 죽은 시체의 냄새를 맡던 돼지 두 마리가 한 시간도 채 안 돼서 쓰러져 죽을 정도였다.

흑사병 환자의 모습

세계를 들썩이게 한 전염병

흑사병 같은 전 세계를 공포로 몰아넣은 무시무시한 전염병이 또 있다. 바로 천연두와 홍역이다.

15세기는 아메리카 대륙 같은 신대륙이 막 발견되던 시기였다. 이때 유럽의 천연두와 홍역도 아메리카 대륙에 퍼져 나갔다. 이에 면역력이 없었던 아메리카 인디언들은 전염병에 걸려 무더기로 죽음을 당했다. 당시 신대륙 탐험에 나선 한 장교는 이렇게 말했다.

"본의 아니게 천연두나 홍역과 같은 전염병이 신대륙을 정복하게 도와준 일등 공신이 되었지 뭡니까!"

1518년 멕시코에 상륙한 스페인의 정복자 에르난 코르테스는 고작 800명의 부하를 데리고 갔다. 그들이 인구 30만 명의 도시 테노치티틀란을 쳐들어갔을 때, 그들이 옮긴 천연두로 인해 아스텍 사람들 중 절반에 가까운 숫자가 사망했다. 전쟁보다 더 무서운 것이 있다면 그것은 아마도 전염병일 것이다.